Ruedi Reich • Glauben, Zweifeln, Handeln

T V Z

Ruedi Reich

Glauben, Zweifeln, Handeln

Predigten und Gespräche

Herausgegeben von Philippe Dätwyler

T V Z
Theologischer Verlag Zürich

Fotografien:
Zeljko Gataric, Zürich

Satz:
Hausdruckerei der Zürcher Landeskirche

Umschlaggestaltung:
g : a   gataric ackermann   visuelle gestaltung   www.g-a.ch

Druck:
ROSCH BUCH GmbH, Scheßlitz

Die Deutsche Bibliothek – Bibliographische Einheitsaufnahme

Die Deutsche Bibliothek verzeichnet diese Publikation in der Deutschen
Nationalbibliographie; detaillierte bibliographische Daten sind im Internet
über <http://dnb.ddb.de> abrufbar

ISBN 3-290-17298-8
© 2004 Theologischer Verlag Zürich

Inhaltsverzeichnis

Vorwort

Befragte Predigten

Ausgangspunkt für das vorliegende Buch waren sieben Predigten von Ruedi Reich. Seit Zwinglis Zeiten gilt die Predigt als das Zentrum des reformierten Gottesdienstes. In ihr wird das «Wort Gottes» verkündet. Erwartet wurde und wird dabei von den Verkündigern, dass sie das «Wort Gottes» nicht nur in gekonnter, sondern auch in gültiger Weise auslegen. Natürlich haben sich die Zeiten geändert. Nicht jeder subjektive Gedanke der Pfarrerin, nicht jede Interpretationspirouette des Pfarrers wird heute noch als bare Münze genommen. Fehlt es der Predigt an Anschaulichkeit und Wärme, bleibt die Stimmung in den Kirchenbänken schnell einmal reserviert. Und doch: Die Erwartungen sind noch immer hoch.

Die Blicke sind gespannt auf die Kanzel gerichtet, in der Hoffnung, dass für das eigene Leben mit all seinen Widersprüchen etwas Sinniges und Hilfreiches gesagt werde. Predigtpassagen, die zu komplex sind oder dem Zuhörer gar gegen den Strich gehen, werden gerne überhört, schlicht ausgeblendet. Und da dies so ist, sagen nicht wenige am Ende des Gottesdienstes: «Vielen Dank, Herr Pfarrer, Frau Pfarrer, schön haben sie ‹es› gesagt.» Selten wird der Prediger oder die Predigerin herausgefordert. Selten muss er oder sie Rechenschaft ablegen, welche Fragen in der Predigt unbeantwortet blieben, ja welche Fragen die Predigt sogar ganz neu aufgeworfen hat. Nach dem «Amen» ist scheinbar alles gesagt, was es zu sagen gibt, und das Manuskript verschwindet still und leise im Aktenschrank. Das Thema ist erledigt.

Nicht so in diesem Buch. Ruedi Reich, Theologe und Zürcher Kirchenratspräsident, dem es ein Bedürfnis ist, regelmässig als Prediger das «Wort Gottes» auszulegen, hat sich für dieses Buch bereit erklärt, eine kleine Auswahl seiner Predigten kritisch hinterfragen zu lassen. Dabei wurde nicht nur auf die Verständlichkeit der theologischen Gedankengänge, sondern auch auf die thematische Breite geachtet. Es geht um das Verständnis der Schöpfung und um die richtige Gebetspraxis. Es geht um Licht und Schatten der Zürcher Reformation, aber auch um das richtige Verständnis von Maria, Felix und Regula oder Franz von Assisi. Und es geht nicht zuletzt auch um die Frage, in welcher Weise die Kirche in der heutigen Gesellschaft glaubwürdig präsent und durch ihre Botschaft für die Menschen spirituell hilfreich sein kann.

Ruedi Reich war bereit, sich meinen vielen Fragen auszusetzen und diese Gespräche in vorliegenden Band zu publizieren. Dadurch hat er sich auch exponiert. Aber gerade da, wo er unkonventionelle Gedanken, unerwartete Positionen und persönliche Exkurse wagt, ist das Gesagte besonders dicht. Persönlich haben mich vor allem auch seine Überlegungen über das Gottvertrauen und den Gotteszweifel berührt und bewegt.

Die Fotografien von Zeljko Gataric zu Beginn jedes Kapitels spielen mit dem Bild der Taube, dem Symbol des Geistes und des Friedens, eines urbanen Tiers, das am Boden, über den Wassern sowie am Himmel Zürichs und anderswo anzutreffen ist. Ich hoffe, dass durch das vorliegende Bändchen mit seinen Predigten, Texten, Interviews und den stimmungsvollen Fotos viele Leserinnen und Leser angeregt werden, selber «Theologie zu treiben».   Das heisst: Stets neu die Grundfragen unserer Existenz im Lichte des Evangeliums zu betrachten, zu überdenken und im Leben ernst zu nehmen.

Philippe Dätwyler

Prolog
Heinrich Bullinger 1504–1575

Auf Christus hören

Die Evangelisch-reformierte Landeskirche des Kantons Zürich feiert 2004 den 500. Geburtstag des Zürcher Reformators Heinrich Bullinger. Nicht um Helden- oder gar Heiligenverehrung geht es bei diesen Feierlichkeiten, sondern um das, wozu uns ein Wort aus dem Hebräerbrief auffordert: «Seid eingedenk eurer Vorsteher, die euch das Wort Gottes verkündigt haben; schaut den Ausgang ihres Wandels an und ahmet ihren Glauben nach!» (Hebr. 13, 7). Die Kette derer, die den Glauben an Jesus Christus weitergegeben haben, ist zweitausend Jahre lang nicht abgebrochen. Auch wir sind ein Glied in dieser Kette. Wir empfangen und geben weiter, für eine kurze Zeit.

Wer hat uns den Glauben lieb gemacht? Vielleicht denken wir jetzt an eine eindrückliche Persönlichkeit oder an ein wichtiges Buch. Oder es war viel persönlicher und intimer, wenn es da um die Weitergabe des Glaubens ging. Ich denke an meine längst verstorbene Mutter. Sie hat mich das Beten gelehrt, hat mir von Jesus erzählt. Ich denke an Sonntagschulhelferinnen. Ich kenne ihre Namen nicht mehr, sehe ihre Gestalt kaum noch vor mir. Aber sie haben mich vertraut gemacht mit der Überlieferung des Alten und des Neuen Testamentes. Sie haben mir von Joseph und seinen Brüdern erzählt, dass ich meinte, selber zur bewegten und recht problematischen Familie Jakobs zu gehören. Sie haben mir von Jesus erzählt, dass ich fast selber meinte, am Jordan oder am See Genezareth auf den Heiland hören zu können. Ja, es sind da wohl auch Pfarrer und Universitätslehrer, die mir wichtige Anstösse gegeben haben. Aber je älter ich werde, je mehr spüre ich, was ich Elternhaus und Sonntagschule verdanke, wenn ich an die denke, die mir das «Wort Gottes verkündigt haben», wie der Hebräerbrief sagt.

Dieses dankbare Gedenken gilt nicht nur jenen, die uns persönlich den Weg zum Glauben gewiesen haben, sondern auch jenen, die vor Jahrhunderten Kirche, Gesellschaft und Kultur in christlichem Geist geprägt haben. Zu ihnen gehört Heinrich Bullinger, der von 1531 bis 1575, also fast ein halbes Jahrhundert lang, im Grossmünster gewirkt und die Zürcher Kirche geleitet hat. Wie ein Sturmwind hat Huldrych Zwingli in kurzen zwölf Jahren in Zürich gewirkt und die Reformation durchgeführt. Am 1. Januar 1519 hielt er im Grossmünster seine erste Predigt. Gute zwölf Jahre später, am 11. Oktober 1531, starb er auf dem Schlachtfeld von Kappel im Alter von 47 Jahren. Sein Reformationswerk war noch nicht gefestigt, innerzürcherisch war es nicht unbestritten und von aussen militärisch bedroht. Welch ein Glücksfall, dass der Zürcher Rat in Pfarrer Heinrich Bullinger einen Nachfolger für Zwingli fand, sowohl als Ersten Pfarrer am Grossmünster wie als Leiter der gesamten Zürcher Kirche, einen Theologen von europäischem Format, wie sich später herausstellte. Pastor, also Hirte, Antistes, also Vorsteher, wurde er später genannt. Bis 1895 trugen die Nachfolger Heinrich Bullingers diese Amtsbezeichnung: Antistes, Vorsteher der Zürcher Kirche. Darum heisst das Pfarrhaus der Grossmünstergemeinde am Zwingliplatz noch heute Antistitium, Wohnhaus des Antistes. Erst 1895 wurde das Leitungsamt der Zürcher Kirche dem Kirchenrat und dem Kirchenratspräsidenten übertragen und vom Grossmünster-Pfarramt getrennt.

Heinrich Bullinger war keine lokale Erscheinung, sondern «Vater der reformierten Kirche». Seine theologische, kirchenpolitische und seelsorgerliche Tätigkeit erstreckte sich auf ganz Europa. Seine Spuren sind in England und Schottland ebenso zu finden wie in Polen und vor allem in Ungarn und Siebenbürgen. Mit Fürsten, Theologen und Bürgermeistern seiner Zeit stand er in brieflichem Kontakt. Vielfältig wollte der Antistes Bullinger vermitteln, setzte auf das Gespräch, wo andere, auch sogenannte Christen, sich auf Schwert und Macht stützten. Im Gegensatz dazu steht leider die Unduldsamkeit Bullingers den zürcherischen Täufern gegenüber. Hier ist Bullinger nicht nur sich selber, sondern auch dem Evangelium gegenüber untreu geworden. Es ist etwas Bewegendes, dass Nachfahren der verfolgten Täufer, Mennoniten aus der Schweiz und aus Europa und Nordamerika, anlässlich des Bullingerjubiläums nach Zürich kommen, um zusammen mit der Kirche Heinrich Bullingers das Gemeinsame zu erkennen und zu bekennen.

Heinrich Bullinger ist eine Gestalt, die uns ermutigt, unserem Glauben auch heute treu zu sein, aber zugleich in Offenheit und Gelassenheit das Gespräch mit Menschen anderer Konfessionen und Religionen zu suchen. Heinrich Bullinger war einer, der – wie es im Hebräerbrief heisst – «das Wort Gottes verkündigt hat», Sonntag für Sonntag und oft auch werktags, zwei- oder dreimal in der Woche. Seine Predigten wurden oft nachgeschrieben, gedruckt, übersetzt, auf vielen evangelischen Kanzeln in ganz Europa vorgelesen.

1549 kam Johannes Calvin, der Genfer Reformator, nach Zürich. Mit ihm schloss Heinrich Bullinger den Consensus Tigurinus, die Zürcher Übereinkunft. Darin einigten sich die beiden Zentren des reformierten Christseins, Zürich und Genf, auf ihr gemeinsames Verständnis des Evangeliums. Von da an kann eigentlich nicht mehr von «Zwinglianern» und «Calvinisten» gesprochen werden, sondern nur noch von Reformierten. 1566 schuf Heinrich Bullinger das grundlegende reformierte Bekenntnis, das Zweite Helvetische Bekenntnis. Es ist bis heute Grundlage der meisten reformierten Kirchen. Bullinger suchte immer das Verbindende, das Gemeinsame, auch als Seelsorger und Helfer von Glaubensflüchtlingen aus ganz Europa. Darum ist es ein schönes Zeichen, dass Bullingers Geburtstag in Zürich zusammen mit dem Schweizerischen Evangelischen Kirchenbund und im Beisein des Generalsekretärs des Reformierten Weltbunds und vieler Gäste aus dem In- und Ausland begangen wird.

Die Heilige Schrift ermutigt uns, derer zu gedenken, die uns «das Wort Gottes verkündigt haben»: Heinrich Bullinger hat dies getan und ist dieses Gedenkens würdig. Zugleich ermahnt uns der Hebräerbrief, nicht nur die Lehre der «Vorsteher» zu bedenken, sondern ihr Leben, ihre Existenz, ihren «Wandel» anzusehen. Zwei eindrückliche Begebenheiten im Leben Heinrich Bullingers zeigen exemplarisch seine zutiefst evangelische Persönlichkeit…

Heinrich Bullinger wurde als Pfarrer aus Bremgarten vertrieben. Die siegreichen katholischen Orte der Eidgenossenschaft verlangten nach dem Zweiten Kappeler Landfrieden die Rekatholisierung des Städtchens. Im Spätherbst 1531 kam der siebenundzwanzigjährige Theologe in Zürich an. Schon bald wurde er als Nachfolger Huldrych Zwinglis in Erwägung gezogen. Ein anderer junger Theologe wäre wohl darauf aus gewesen, dieses ehrenvolle Amt um jeden Preis zu bekommen. Bullinger aber wurde stutzig, als er hörte, der Rat verlange, dass sich die Pfarrer in Zukunft jeder öffentlichen Stellungnahme zu politischen Fragen enthalten sollten. Bullinger wollte zwar Theologe, nicht Politiker sein. Aber als der Rat ihm die Stelle am Grossmünster und die Leitung der Zürcher Kirche antrug, verlangte er Bedenkzeit. Dann beschied er dem Rat, er wolle sich in politischen Fragen die sachlich richtige Zurückhaltung auferlegen. Aber er sei nicht bereit, die Stelle anzutreten, wenn im Grossmünster und in allen reformierten Kirchen zu Stadt und Land nicht ausdrücklich die Freiheit der Verkündigung respektiert werde. Heinrich Bullinger erschien mit der Zürcher Pfarrerschaft am 13. Dezember 1531 vor dem Rat. Hier erklärte er, dass das Evangelium auch «synen Unfriden und syne Rühe (Rauheit) habe». Das Evangelium ist also nicht «Zuckerguss auf das Bestehende», sondern Auseinandersetzung auch um eine verantwortliche Politik, um einen Staat, der vor dem Wort Gottes bestehen kann. Nach Beratung und beeindruckt durch Heinrich Bullinger, hielten es die Räte fest, «alt und nüw Testament göttlichs Wort und Geschrifft, fry, unverbunden und unbedingt zelassen».

Heinrich Bullinger hätte eher auf ein ehrenvolles Amt verzichtet, als dass er unevangelische Kompromisse eingegangen wäre. Dies ist ein eindrückliches Zeichen des «christlichen Wandels» eines jungen Theologen. Nicht die Karriere stand für ihn im Vordergrund, sondern die Freiheit des Evangeliums. Nachdenklich fragen wir: Handeln wir je in unseren Verantwortungsbereichen, im persönlichen Bereich, in menschlichen Beziehungen, in beruflicher Verantwortung so, dass die Priorität eindeutig beim Evangelium, bei der Menschlichkeit liegt und nicht beim eigenen Vorteil, bei der eigenen Karriere?

Über 30 Jahre später, 1564, berichtet Heinrich Bullinger in seinem Tagebuch über die Pestepidemie in Zürich. Auch der sechzigjährige Reformator erkrankte Mitte September schwer. Man bangte um sein Leben. Bullinger litt sehr. Aber der seelische Schmerz sollte bald grösser werden als der körperliche. Seine von ihm so innig geliebte und verehrte Ehefrau, Anna Adlischwyler, wurde von der Krankheit befallen und starb nach zehn Tagen. Einen Monat darauf traf dasselbe Schicksal Bullingers Tochter Margareth Lavater. Hochschwanger wurde sie krank und brachte einen Buben zur Welt. Zwei Tage darauf wird dieser getauft. Die Mutter stirbt am Tauftag an der Pest, und auch der Täufling stirbt am nächsten Tag. Der kranke Bullinger verliert also Frau, Tochter und Enkel. Durch Zürich geht die Kunde, auch der Grossmünsterpfarrer sei gestorben. Bullinger notiert ins Tagebuch: «Meine Feinde freuten sich. Die Gläubigen trauerten. Gott schenke mir seine Gnade.» Aber Bullinger überlebt. Trotz Trauer und Krankheit steht er Mitte Dezember wieder auf der Grossmünsterkanzel. Wer schwere Krankheiten durchgemacht hat, wer Leid zu ertragen hatte und noch am Leid trägt, kann ermessen, was es Heinrich Bullinger an innerer Kraft gekostet haben mag, diesen Weg innerhalb von drei Monaten in dieser Weise zu gehen. Heinrich Bullinger zeigt sich darin als ein von evangelischer Verantwortung und Hoffnung geprägter Mensch.

Der Hebräerbrief fügt an: «Ahmet ihren Glauben nach.» Lasst euch von Menschen, die vor euch aus dem Evangelium gelebt haben, zum Glauben ermutigen. Sie hatten auch Fehler und Mängel und Grenzen wie wir alle. Aber da, wo wir Glaubenskräfte in ihnen spüren, da sollen wir uns von ihnen ermutigen lassen zur Treue im Glauben. Das ist der Sinn der Bullinger-Gedenkfeiern, Sinn auch der Ausstellung im Grossmünster unter dem Titel «Der Nachfolger». Heinrich Bullinger ist Nachfolger – nicht einfach Nachfolger Huldrych Zwinglis, sondern Nachfolger Jesu Christi. Bullingers Wahlspruch, der fast auf jedem seiner gedruckten Werke zu finden ist, heisst: «Solus Christus audiendus», «allein Christus ist zu hören». Christus hören, ihm gehören, auf Christus horchen, ihm gehorchen – dazu rief Bullinger damals auf. Dazu sind wir auch heute gerufen.

Mit Christus sollen wir unterwegs bleiben, in seine Nachfolge sind wir gerufen. Er will aus uns oft mutlosen und zögerlichen Zeitgenossen mutige Christen, Nachfolger Jesu Christi werden lassen. Heinrich Bullinger hat in dieser Hinsicht auf das Gespräch vertraut, als alle meinten, Gegensätze auch unter Christenmenschen nur noch mit Gewalt und Schwert austragen zu können. Man könnte sagen: Damals war Heinrich Bullinger nicht mehr zeitgemäss, als die Konfessionen Europa in Krieg und Not stürzten. Aber gerade diese damalige Unzeitgemässheit macht ihn für uns so wichtig und zeitgemäss. Bullinger setzte primär auf das Gespräch, auf das Wort, auf den Dialog, auf das Zuhören. Dazu sind auch wir aufgerufen in einer Zeit weltweiter und schweizerischer Polarisierungen politischer und religiöser Natur. Auf den Dialog vertrauen, Brücken bauen im Namen Jesu Christi, seine Nachfolger sein, hier und heute: «Solus christus audiendus.»

Das Gebet zuallererst

So ermahne ich euch nun zuallererst, Bitten, Gebete, Fürbitten, Danksagungen darzubringen für alle Menschen.

1. Timotheusbrief 2, 1

Liebe Gemeinde

«Das Gebet ist die Tür aus dem Gefängnis unserer Sorge» – so hielt es der deutsche Theologe Helmut Gollwitzer im Hinblick auf leidvolle Erfahrungen aus Krieg und Kriegsgefangenschaft vor fünfzig Jahren fest. Eine offene Tür: Welch schönes Bild. Es gibt in unserem Leben und in unserer Welt so viele verschlossene und verriegelte Türen; so viele Türen, die ins Schloss fallen, Türen, die uns vor der Nase zugeschlagen werden, Türen, die wir sorgsam verschliessen oder auch hastig und ängstlich verriegeln. Oft gibt es auch in Gesellschaft und Politik Türen, die zugeknallt werden. Das Gespräch wird abgebrochen, und es zeigt sich gar die hämische Freude an Polarisierung und Ausgrenzung.

Und nun in dieser Welt der verschlossenen Türen das Gebet als offene Tür, die ins Helle und Weite führt. Der Weg nach innen, Stille, Besinnung, Gebet – das schenkt uns einen weiten Horizont, eröffnet uns ungeahnte Möglichkeiten. Das Hören auf das, was mit uns in der Stille geschieht, das persönliche Gespräch mit Gott, das gehört zu den wichtigsten Erfahrungen im Leben eines Menschen. Aus der Stille und dem Gebet wachsen uns die Kräfte zu, die uns unsere Verantwortung für andere erkennen lassen. Gebet, der Weg zu Gott, ist immer auch der Weg zum Mitmenschen und zur Gemeinschaft. Das zeigt sich besonders eindrücklich bei Niklaus von Flüe. Bruder Klaus ist einer der grossen Beter der Christenheit. Fast unaufhörlich soll er gesprochen haben: «Gott verleihe uns eine selige Stunde zu leben und zu sterben, durch Christus, unseren Herrn.» Und gerade Bruder Klaus, der nach innen gewandte Mystiker, hat in der politischen Krise der Eidgenossenschaft das Wort gefunden, das zur Versöhnung führte. Das Gebet ist also nicht nur die Tür aus dem Gefängnis der eigenen Sorge, sondern auch die Tür hin zum Mitmenschen, hin zur Verantwortung für Gesellschaft und Staat. Um diesen inneren Zusammenhang von Gebet und Verantwortung geht es am heutigen Eidgenössischen Dank-, Buss- und Bettag.

Der Bettag ist auch ein ökumenisches Grunddatum. Vor mehr als 200 Jahren, am Vorabend des Einmarsches französischer Truppen in die alte Eidgenossenschaft, konnten sich Katholische und Reformierte erstmals auf einen gemeinsamen Bettag einigen. Seit 1832 – seit mehr als 150 Jahren – ist der dritte Sonntag im September der gemeinsame Bettag in unserem Land. Der Bettag ist tief verwurzelt in der Tradition der beiden Volkskirchen. Durch das Mittragen der Evangelisch-methodistischen Kirche am heutigen Gottesdienst wird zudem deutlich, wie volkskirchlich und freikirchlich geprägte Christinnen und Christen gemeinsam im Gebet Verantwortung für unser Volk und Land wahrnehmen.

Der Bettag ist ein Tag ökumenischen Feierns nicht nur in Dübendorf. Vielerorts ist gerade dieser Festtag zu Recht ein Tag ökumenischer Gemeinschaft. So war es nicht zufällig, dass der Ökumenebrief, welcher von Weihbischof Peter Henrici und mir an die katholischen Pfarreien und die reformierten Kirchgemeinden gerichtet wurde, vor drei Jahren auf den Bettag hin verfasst wurde. Der Zürcher Ökumenebrief betont die ökumenische Gemeinschaft, fordert dazu auf, ökumenische Gemeinschaft noch stärker zu entdecken und zu vertiefen. So wird betont: «In unserem kirchlichen Alltag denken wir oft zuerst an die je eigene Arbeit in unserer Kirche, erst dann geht es um die Frage, wie Ökumene zu gestalten sei. Hier ist ein Umdenken nötig: Kooperation ist die Norm, Alleingang die Abweichung.» Zusammenarbeit der Kirchen – das ist kein Selbstzweck. Weil das Gebet die Tür zum Mitmenschen öffnet, führt das ökumenische Miteinander zum gemeinsamen Dienst an anderen. Die Kirchen setzen sich gemeinsam ein für Kranke und Behinderte, für Arbeitslose und an den Rand Gedrängte, für Vertriebene und Heimatlose. Dieses gemeinsame Engagement kommt – wie wir dies in diesem Gottesdienst erfahren – aus der Gegenwart Christi im Wort des Evangeliums und in der Feier von Eucharistie und Abendmahl, aus dem gemeinsamen Gebet. Christus die Mitte – so sagen es uns auch Musik und Worte der «Deutschen Messe» von Franz Schubert, welche wir in diesem Gottesdienst hören: «Der Mensch auch lag in Geistesnacht, erstarrt von dunklem Wahn, der Heiland kam und es ward Licht und heller Tag bricht an.»

Im Licht Christi erkennen wir unsere Verantwortung für andere. Wir erahnen aber auch, dass es in allem Tun und Rennen Zeit und Raum zur Besinnung und Begegnung braucht. Darum setzen sich die reformierte und die katholische Kirche im Kanton Zürich für ein Ruhetagsgesetz ein, das den Sonntag und die Feiertage respektiert. Der Sonntag darf nicht zum Werktag werden, nicht zum Rummeltag verkommen. Es braucht den Rhythmus der Zeiten. Es muss weiterhin möglich sein, dass Familien, dass alte und junge Menschen den Sonntag gemeinsam verbringen können. «Jedem sein eigener Ruhetag, 365 Tage Betrieb» – das sind keine gemeinschaftsstiftenden Parolen. Es braucht die Unterbrechung der Arbeit. Es braucht den Sonntag und die Feiertage als Tage der Begegnung und des gemeinsamen Erlebens, aber auch als Tage der Besinnung und des gemeinsamen Gebets.

Unser Bibelwort aus dem ersten Timotheusbrief weist dezidiert darauf hin: «So ermahne ich euch nun zuallererst, Bitten, Gebete, Fürbitten, Danksagungen darzubringen für alle Menschen.» Gebet für alle Menschen! Das Gebet ist nicht einfach eine Notlösung, wenn man nichts anderes mehr tun kann. Das Gebet ist eine Lebenshaltung, welche alles von Gott erwartet und gerade so Verantwortung wahrnimmt für das eigene Leben, für das Leben der Mitmenschen, Verantwortung auch für Staat und Gesellschaft.

Von einem Pfarrer wird erzählt, er sei auf einer Kreuzfahrt in einen schweren Sturm geraten. Der Kapitän tat sein Möglichstes. Und weil er nichts unversucht lassen wollte, klopfte er auch an die Kajüte des Pfarrers und bat ihn, doch für das Schiff zu beten. Dieser erbleichte und sagte: «Ja, steht es denn so schlimm, gibt es gar keine Hoffnung auf Rettung mehr? Kann man nur noch beten?» Aber das Gebet ist eine Lebenshaltung, nicht einfach ein letzter Versuch in aussichtsloser Lage. Das gemeinsame ökumenische Gebet am Bettag stellt uns darum hinein in die Verantwortung für alle Menschen. «Ökumene» meint von seiner Wortbedeutung her «den ganzen Erdkreis».

Nicht nur um gute Beziehungen zwischen den Kirchen im Kanton Zürich geht es also. Es geht um die Kirche Jesu Christi auf allen Kontinenten, um ihre Verantwortung für alle Menschen und Völker. Christen beten für alle Menschen. Alle Menschen, Schweizer und Ausländer, Verantwortungsträger und Notleidende, alle sollen uns wichtig sein. Die Kirche hat da zwar nicht parteiisch im Sinne der Parteipolitik zu sein. Im Sinne des Evangeliums hat sie aber Partei zu ergreifen für die, deren Stimme im lauten Räderwerk von Wirtschaft und Politik untergeht.

Weil das Gebet mit einer offenen Tür zu vergleichen ist, lässt es uns dafür einstehen, dass Menschen in unserer Gesellschaft nicht aufgrund ihrer Herkunft, Kultur oder Religion ausgegrenzt werden. Offene Herzen in der Stille vor Gott, das führt zu offenen Herzen und Türen für Menschen in Bedrängnis und Not bei uns und in der weiten Welt.

Das Gespräch mit Gott, das Hören auf die leisen Töne in uns selber, hilft uns zum Hören auf die Mitmenschen, zum verstehenden Gespräch mit ihnen in einer Zeit, die im Persönlichen und Politischen dem Schrillen und Plakativen verpflichtet ist. Das Gebet stellt das Wohl aller Menschen ins Zentrum, ihr Recht und ihre Würde, für die es in Verantwortung vor Gott einzustehen gilt. Martin Luther weist darauf hin: «Beim Gebet soll keiner für sich allein und nur für sich beten, auch nicht nur für eine bestimmte Gabe, sondern man soll um alles und für alle beten.» Um alles und für alle beten – aus der Besinnung auf Gott kommt die Verantwortung für die Mitmenschen, unsere gemeinsame Verantwortung auch für unser Volk und Land, ja für alle Völker und alle Länder.

Mutter Teresa, die ihr Leben ganz für die Armen in Kalkutta eingesetzt hat, sagt es in eindringlichen Worten: «Es ist notwendig, dass wir Gott finden, und er kann nicht in Lärm und in der Ruhelosigkeit gefunden werden. Gott ist der Freund der Stille. Je mehr wir im stillen Gebet empfangen, desto mehr können wir in unserem tätigen Leben geben.»

Unser Predigttext betont noch einen anderen Aspekt: «So ermahne ich euch nun zuallererst, Bitten, Gebete, Fürbitten, Danksagungen dazubringen für alle Menschen.» Nicht nur von Bitten und Fürbitten ist die Rede, sondern auch vom Danken. Der heutige Tag ist nicht nur ein Bettag, sondern auch ein Danktag. Danksagung – im griechischen Urtext heisst das Wort Eucharistia, Unseren katholischen Mitchristen ist das Wort vertraut. Die Eucharistie ist das Abendmahl. Das Abendmahl also ist eine Danksagung.

Wir danken für das, was Christus für diese Welt getan hat und noch tut. Wir danken dafür, dass er selbst sich uns schenkt. Von dieser einen Gottesgabe, Jesus Christus, leben wir. Das erfahren wir in besonderer Weise in der heutigen gemeinsamen Abendmahlsfeier.

Die Dankbarkeit für die Gabe, die Christus selber ist, lässt uns dankbar werden für alles, was uns von Gott und den Mitmenschen zukommt. Der Zürcher Schauspieler Ernst Ginsberg hat es wenige Monate vor seinem Tod, als er nicht mehr sprechen, sondern nur noch deuten konnte, so ausgedrückt: «Nun wird es Zeit zu danken, eh Herz und Auge bricht, für alle Gottesgaben, für Leben, Luft und Licht.» Danken, auch wenn uns das Klagen und Schimpfen im Persönlichen und Politischen oft näher liegt. Danken «für Leben, Luft und Licht.» Danken für alles, was uns durch unsere Mitmenschen, was uns auch durch Gesellschaft und Staat gegeben wird. Eine solche Haltung der Dankbarkeit blickt zwar kritisch auf unser Volk und Land, weiss, wie hier vieles durch mangelnde Solidarität, durch Polarisierung und Ausgrenzung bedroht ist. Aber die Dankbarkeit fixiert sich nicht auf das Negative. Dankbare Menschen setzen sich dafür ein, dass auch andere Menschen etwas zu danken haben. So führt Dankbarkeit zur Verantwortung, zum Tun des Guten, zum Teilen und Helfen. Das Gebet ist die offene Tür zu Gott und den Mitmenschen. Das Gebet ist der weite Horizont, der uns verbindet, der uns mit allen und allem verbindet. Amen

Predigt zum Eidgenössischen Dank-, Buss- und Bettag
Ökumenischer Gottesdienst in der kath. Kirche Dübendorf
Sonntag, 17. September 2000

Beten ohne Unterlass

Umfragen belegen: Der Kirchgang ist zwar nicht gerade überwältigend, das individuelle Beten hingegen ist noch immer populär und weit verbreitet. Ist das Beten ein Urbedürfnis des Menschen?

Es gibt sogar Umfragen, die behaupten, dass mehr Menschen beten als an Gott glauben. Das wäre ein Indiz dafür, dass das Gebet tatsächlich eine Grundäusserung des Menschen ist. Martin Buber hat den Grundimpuls, der hinter dem Gebet steht, sehr schön beschrieben: Der Mensch ist existenziell ein dialogisches Wesen. Er sucht das Du in allen Dingen. Stets sucht er das Gespräch, immer sucht er ein Du – im Mitmenschen, in der Schöpfung, in Gott. Gott ist das eigentliche Du, auf das hin der Mensch angelegt ist. Darum gehört das Gebet zu den Urformen der Kommunikation. Im Gebet spricht der Mensch die Instanz an, die seinem Leben Sinn und Bestand gibt. Im Gebet spricht er den an, von dem er sich angesprochen weiss – letztlich und verbindlich.

Es gibt kaum eine Religion, in der das Gebet nicht eine zentrale Rolle spielt. Das Gebet ist ein weltumspannendes, kultur- und religionsübergreifendes Phänomen.

Ja, und dies ist nicht erstaunlich. Es zeigt, dass der Mensch ein zutiefst religiöses Wesen ist. Darum gibt es rund um den Globus die Praxis des Gebets in den unterschiedlichsten Formen. Da gibt es das gemeinsame liturgische Gebet, das individuelle, spontane Gebet, das kunstvoll durchdachte Gebet – und immer wieder das Stossgebet, der Schrei nach Hilfe. Das Bedürfnis zu beten ist so gross, dass intellektuelle Einwände dagegen kaum einen Einfluss auf die Gebetspraxis haben. Man hofft, mit dem Gebet auf die Dinge, ja auf Gott einwirken zu können. Dieses Verhalten mag von aussen betrachtet als «magisch» bezeichnet werden. Aber diese Dimension gehört zu einer lebendigen Religiosität: der Glaube an das Gebet als eine die Welt verändernde Macht.

Gollwitzer sagt, das Gebet sei die Tür aus dem Gefängnis unserer Sorge. Ein schönes, archetypisches Bild.

Ja, dieses Bild hat viele Dimensionen. Gollwitzer sagt, dass uns unsere Sorgen oft erdrücken, ja dass sie uns einsperren und wir so zu Gefangenen von uns selber werden. Das Gebet ist die Tür, die aus diesem verschlossenen Raum hinausführt in die Weite, ja in die Unbeschwertheit. Die Türe ist aber auch ein Symbol der Kommunikation. Nicht umsonst sagt man von einem, der das Gespräch verweigert, er schlage einem die Türe vor der Nase zu. Nur wo Türen sich öffnen, gelingt Begegnung. Bei Niklaus von Zinzendorf wird die offene Türe sogar zum Symbol des ewigen Lebens: «Tu uns nach dem Lauf deine Türe auf» (Reformiertes Gesangbuch 690, 4). Und nicht zuletzt ist die offene Türe auch das alte, biblische Symbol der Gastfreundschaft. Vorurteilslos offen zu sein für Menschen, die an unsere Türe klopfen – das ist Offenheit im Namen Jesu, genauso wie die offene Kirchentür ein Grundsymbol für die evangelische Weitherzigkeit unserer Kirche sein sollte. Aus all diesen Gründen ist für mich die offene Tür das schönste Bild für das Gebet. Wie immer ich im Leben dran bin – es gibt eine offene Tür.

Ist das Gebet mehr als ein mentales Fitnesstraining, bei dem man den Geist sammelt, um anschliessend wieder konzentrierter arbeiten zu können?

Mentale Fitness – warum nicht? Amerikaner beweisen bekanntlich alles mit Statistiken. Und diese besagen, dass Betende gesünder sind und erst noch länger leben. Zudem ist meines Wissens Beten auch ökologisch unbedenklich. Aber im Ernst: Das Gebet hat mit der geistigen und geistlichen Disziplin eines Christenmenschen zu tun. Im Sinne der Bibel ist es ein Sich-Ausrichten auf Gott, ein Hören auf Gott.

Sind aber nicht die meisten Gebete Wunschgebete, Gebete, mit denen man Gott für die eigenen Wünsche und Absichten einspannen möchte?

Auch spontane Wünsche sollten wir ernst nehmen. Sie sagen uns oft mehr über uns selber als langes Reflektieren. Dennoch: Mittel zum Zweck, zum Zweck des eigenen Erfolgs zum Beispiel, sollte das Gebet nicht sein.

Sagt Luther darum, man solle nicht nur für sich allein etwas erbeten, sondern man solle «um alles und für alle beten»?

Luther sagt, man dürfe im Gebet durchaus auch etwas für sich selber erbeten. Man kann auch zu demütig und zu fromm sein und sich selber zu wenig ernst nehmen. Aber das Gebet darf nicht auf mich und meine Sorgen verengt werden. Es muss immer offen bleiben für alle. Obwohl das Gebet etwas sehr Persönliches, ja Intimes ist, sind wir im Gebet nie allein, sondern gehören in die weltweite Gemeinschaft aller Betenden. Beim Gebet tauchen wir ein in die Gemeinschaft der Betenden aller Jahrhunderte und Jahrtausende. Darum ist in unserer Gebetstradition das Unservater ein so zentraler Text, der uns mit der ganzen Christenheit verbindet. Zudem lehrt uns das Unservater, dass es im Gebet wirklich um Gott und die Welt geht, nicht um mich allein, sondern um Heilung und Segen für Gottes ganze Schöpfung.

Früher hat man bei uns viel regelmässiger gebetet. Das Gebet hatte seinen festen Platz im Tagesablauf.

In den Klöstern ist dies bis heute der Fall. Das Gebet prägt und strukturiert den ganzen Tagesablauf. Dies gilt auch für den Islam, wo der Muezzin fünfmal am Tag zum Gebet aufruft. Auch wir werden mehrere Male im Tag zum Gebet aufgerufen. Bei den wichtigen Übergängen des Tages, also am Morgen, am Mittag, am Nachmittag und am Abend, läuten bei uns die Kirchenglocken. Aber leider hören viele im Glockenklang nur noch die äusserliche Zeitangabe und verstehen ihren tieferen Sinn, den Ruf zum Gebet, nicht mehr. Manchmal höre ich in meinem Büro um Viertel nach zwölf die Glocke, die zum Mittagsgebet in die Predigerkirche ruft. Dieses «Betzeitläuten» ist mir wichtig. Manchmal gelingt es mir, für ein paar Minuten innerlich still zu werden. Hin und wieder denke ich daran, dass mir meine Mutter erzählt hat, ihre Grossmutter habe beim Hören des Nachmittagläutens auf dem Feld jeweils einen Augenblick innegehalten und halblaut gesprochen: «Hälf is Gott is ewig Läbe, zur ewige Freud und Säligkeit, Amen.» Ein alltägliches Gebet, ein kurzes Gebet, fast ein Stossgebet – und doch ein Gebet, das den weiten Horizont spannt, den Horizont über Zeit und Ewigkeit. Ich bin überzeugt, dass das Gebet am Morgen und am Abend und auch das Gebet bei Tisch, das sogenannte Gewohnheitsgebet, etwas Wichtiges ist. Auch Jesus hat als frommer Jude regelmässig gebetet. Sein «Gebetbuch» waren sicher auch die Psalmen. Sie verbinden uns bis heute mit der jüdischen Frömmigkeit und Gebetspraxis. Die Psalmen wurden in allen christlichen Traditionen zu zentralen Gebetstexten; sei es im gregorianischen Gesang der Klöster, sei es im «Genfer Psalter», den Psalmliedern der reformierten Kirche. Persönlich bedeutet mir das morgendliche Lesen und Meditieren eines Psalmes und das Sprechen des Unservaters viel.

Der Verfasser des 1. Timotheusbriefes bezeichnet das Gebet als das Erste und Wichtigste. In der katholischen Kirche – und da vor allem im Mönchtum – wird die Vita contemplativa, das dem Gebet geweihte Leben, stark betont. Der Protestantismus hingegen wird eher mit der Vita activa, dem tätigen Leben, in Verbindung gebracht.

Die im Protestantismus vorhandene Betonung des aktiven Lebens ist sehr ambivalent. Einerseits war es richtig, dass der Protestantismus das Gebet und die Meditation nicht an speziell berufene Menschen delegierte und so gleichsam abspaltete. Andererseits entwickelte sich im Protestantismus eine rationalistische Tendenz, die das religiöse Geheimnis vernachlässigt. Die Religion wird da auf die Ethik und auf die sogenannte gute Tat reduziert. Diese Ethisierung und Säkularisierung des Protestantismus erweist sich in der Gegenwart als eine eminente Schwäche. Die Menschen suchen heute vermehrt nach religiöser Praxis, auch nach dem Geheimnisvollen und Unerklärlichen – und werden dann mit dem Verweis auf abstrakte, christliche Werte und ethische Maximen abgespeist. Aber christlich leben kann man nur, wenn man weiss, dass es beim christlichen Glauben auch etwas um Geheimnisvolles geht, das mit der Vernunft nicht erklärt und begriffen werden kann. Zu diesem Unerklärlichen und Geheimnisvollen gehört das Gebet. Wenn aber das Gebet ein Dialog mit Gott ist, ja eine Antwort auf Gottes Ruf, so muss auch die Tat, die dem Gebet folgt, als Antwort des Menschen verstanden werden. Wenn ich im Gebet um Gerechtigkeit und Frieden bitte, nimmt mich diese Bitte in Pflicht, mich auch tatkräftig für Gerechtigkeit und Frieden einzusetzen. Gebet und Tat gehören also zusammen.

Sind demnach Lebensformen, die ganz auf das Beten ausgerichtet sind, wie zum Beispiel bestimmte katholische Orden, problematisch?

Nein, ich habe grössten Respekt vor Menschen, die zurückgezogen leben und sich vor allem dem Gebet widmen. Ihre Gebete sind auch für uns wichtig und hilfreich. Über das Gebet bleiben sie eng mit der Welt verbunden. Das Klosterleben kann eine besondere Berufung von Menschen sein. Auch die Reformatoren haben dies nie bestritten. Was sie bestritten haben, ist, dass der Rückzug aus der Welt wertvoller sei als das Engagement in der Welt.

Es gibt Skeptiker, die sagen, das Gebet verändere höchstens den Betenden. Ansonsten bewirke es nichts...

Wenn sich der Mensch ändert durch das Gebet, dann ist das für mich schon sehr, sehr viel. Zum evangelischen Gebet gehört ja stets die Auseinandersetzung mit der christlichen Tradition. Das evangelische Gebet ist eng mit dem Lesen der Bibel, der Evangelien, der Psalmen verbunden. Im Gebet setze ich mich also nicht nur mit mir selber auseinander, sondern mit der ganzen jüdisch-christlichen Tradition. Dies fordert mich heraus und verändert mich. Dadurch kommt eine Kraft in mein Leben, die weit über das Persönliche hinausreicht.

Das Gebet hat demnach eine Wirkung über den Betenden hinaus?

Davon gehe ich aus. Dies lässt sich zwar nicht wie eine mathematische Rechnung belegen, aber es lässt sich immer wieder erfahren. Aber der Betende darf nicht einfach seine Vorstellungen bei Gott durchsetzen wollen. Unsere Wünsche, auch unsere frommen Wünsche, sind nicht identisch mit dem, was Gott mit seinen Verheissungen an uns tun will. Die Herausforderung des Gebets liegt darin, ja zu sagen dazu, dass Gottes Wege oft anders sind als unsere Wege.

Als vor ein paar Jahren in Sizilien der Ätna ausbrach, rief der Erzbischof von Catania die Menschen zum Gebet auf.

Das ist für mich überhaupt nicht lächerlich. Mich beeindruckt es, wenn Menschen in Krankheit und Not auf das Gebet vertrauen. Eine Anekdote berichtet: Ein pietistischer Pfarrer im frommen Süden Amerikas ruft seine Gemeinde zum Gebet zusammen, weil eine grosse Dürre herrscht. Es soll um Regen gebetet werden. Aber als Erstes rügt der Pfarrer die Gläubigen, weil sie keine Regenschirme mitgenommen hätten. Dies zeige ihm, dass sie gar nicht an die Erhörung des Gebetes glaubten. Wir mögen über die Anekdote lachen, aber zum Gebet gehört die Verwegenheit, das scheinbar Unmögliche zu erwarten und zu empfangen.

Aber sollte das Gebet nicht über das Denken, Bitten und Danken hinausgehen? In der Sprache der Mystik ist das Gebet ein innerer Dialog: die sprachlose Zwiesprache der Seele mit Gott.

Das Gebet kann diese Form annehmen. Das Gebet ist dann ein Sein vor Gott. Mystiker der verschiedenen Religionen gehen manchmal noch weiter und reden sogar vom «Sein in Gott». Dabei sollte das Gebet aber nicht losgelöst werden vom Wort Gottes, sollte nicht im leeren Raum stehen bleiben. Nach evangelischem Verständnis steht der Betende vielmehr Gott und seinem Wort gegenüber, verschmilzt nicht mit ihm. Die Mystiker haben zudem betont, dass das Gebet nur dann in die Tiefe gehen kann, wenn es regelmässig ausgeübt wird. Ich bin überzeugt, dass die grossen Gestalten der Kirchengeschichte wie etwa Paulus oder Luther ihre Kraft vor allem aus dem regelmässigen Gebet geschöpft haben. Das Gebet kann in der Not zwar wie ein wortloser Schrei aus unserem Innersten kommen. Und doch: Wie können wir uns in der Not ausdrücken, wenn wir dies vorher nicht schon gelernt und eingeübt haben? Die Feuerwehr kann ja auch nicht erst dann aufgebaut werden, wenn das Haus schon brennt. Darum ist das «Gewohnheitsgebet» so wichtig. Darum sollte uns die Meditation der Psalmen oder auch das Meditieren des Unservaters im Alltag begleiten. Ja, das Gebet gehört zu unserem Tageslauf. Davon können wir dann auch in ausserordentlichen Situationen zehren.

Paulus sagt einmal: «Betet ohne Unterlass» (1. Thessalonicherbrief 5, 17). Und in der ostkirchlichen Tradition gibt es das Ideal des «immerwährenden Gebets». Sollte in diesem Sinne nicht unser ganzes Leben ein Gebet sein?

In einem existenziellen Sinn kann man dies so sehen. Es geht bei diesem Gedanken darum, unser ganzes Leben in das Licht Gottes zu stellen. Es geht um eine Grundhaltung. Da wo ich weiss, dass mein Leben eine Antwort auf den Ruf des Schöpfers ist, da kann meine ganze Existenz als Gebet verstanden werden. All unser Tun und Lassen, auch unsere menschlichen Beziehungen und unsere Bemühungen im Beruf, all unsere Enttäuschungen und Hoffnungen – all das gehört dann zu unserem Versuch, Gott – in Verantwortung gegenüber unseren Mitmenschen – dienend zu antworten.

Kommt nicht auch in den unterschiedlichen Gebetshaltungen und Gebetsgesten etwas von dieser Grundhaltung zum Vorschein?

Bestimmt. Die unterschiedlichen Gebetshaltungen haben je ihre eigene Würde und Symbolik. Die gefalteten Hände bringen zum Ausdruck, dass wir im Leben oft wenig mit den eigenen Händen tun und alles nur von Gott erwarten können. Ähnlich kommt dies auch im Gebet mit ausgebreiteten Händen zum Ausdruck: Als Betende treten wir mit leeren Händen vor Gott, lassen uns von ihm beschenken. Das Knien beim Gebet ist das Zeichen dafür, dass wir angesichts von Gottes Grösse um unsere Kleinheit und unsere Schwäche wissen. Aber auch das stehende Gebet hat seine Richtigkeit und besondere Würde. Darin kommt zum Ausdruck, dass Gott uns aufrichtet, ja dass er uns durch seine Menschwerdung zum aufrechten Gang befreit. Gott will uns im Gebet nicht niederdrücken. Er nimmt uns in unserem Gebet als seine Partner und Partnerinnen ernst.

Kierkegaard hat einmal gesagt, das wahre Gebet habe drei Etappen: das Reden, das Schweigen und schliesslich das Hören.

Ich würde diesen Dreiklang nicht chronologisch sehen. Das Reden, das Schweigen und das Hören gehören eng zueinander, ja können ineinander verflochten sein. Je nach Situation steht beim Betenden das eine oder das andere im Vordergrund. Zum Gebet gehört das Reden, denn Sprache gehört zu unserem Menschsein. Das Danken, das Bitten, das Hadern, das Loben – all das gehört zur Sprache des Gebets. Sei dies mit eigenen Worten, sei es mit den Worten der Psalmen oder der Kirchenlieder oder mit den Worten, die Jesus uns gelehrt hat, mit dem Unservater. In diesen Texten sind die Gebetserfahrungen aus Jahrhunderten aufgehoben. Es sind Worte, die über Generationen weitergegeben wurden und auch heute tragen. Aber auch das Schweigen, die Stille, die Gelassenheit gehören zum Gebet. Ein Psalm sagt dies in einem menschlich anrührenden Bild: «Fürwahr, ich habe meine Seele besänftigt und beruhigt, wie ein entwöhntes Kind bei seiner Mutter, wie das entwöhnte Kind ist meine Seele ruhig in mir» (Psalm 131, 2). Jenseits aller menschlichen Worte gibt es im Gebet eine Nähe, ein Gehalten-Sein, ein Aufgehoben-Sein bei Gott. Das Dritte wiederum, das Hören, verstehe ich nicht als Resultat von Reden und Schweigen. Ich glaube vielmehr, dass das Hören unser Reden und Schweigen begleitet. Im Sprechen von alten biblischen und kirchlichen Worten sind wir stets auch Hörende. Wenn es uns gelingt, in diese Worte hineinzuhören, beginnen die Worte zu uns zu sprechen und Antwort zu geben auf die Fragen, die uns bewegen. Aber auch an den Grenzen, da wo Worte nicht mehr greifen, können wir hören auf den Gott, der sich uns gegenüber vernehmbar, hörbar macht.

Ist es nicht vor allem der Lärm in unserem Kopf, der uns vom Gebet abhält?

Durchaus. Aber das Stille-Werden, ja sogar die Stille selber muss nicht immer mit Schweigen verbunden sein. Stille ist primär eine bestimmte Haltung des Vor-Gott-Stehens, des Vor-Gott-Seins. Es gibt in der orthodoxen und zum Teil auch in der katholischen Tradition eine eindrückliche Gebetsform: das sogenannte Herzensgebet. Bei diesem Gebet wiederholt der Gläubige still oder halblaut ein paar wenige Gebetsworte unendliche Male. Er lässt die Worte im Rhythmus seines Atems in sich hinein sinken, bis er Stille erreicht und die Geborgenheit in Gott spürt.

Viele Menschen sehnen sich nach einer solchen Erfahrung.

Aber innere Stille ist nicht machbar, sondern ist Geschenk. Sie ist nicht machbar, aber sie kann eingeübt werden. Sei es persönlich oder in Kursen und Veranstaltungen, in denen spirituelle Haltungen und geistliche Übungen vermittelt werden.

Aber der Betende ist dabei nicht der Hauptakteur?

Richtig. Das Gebet ist «nur» die Antwort des Menschen auf Gottes Ruf. Wenn ich bete, gehe ich davon aus, dass ich ein von Gott Angesprochener, ein von Gott Gerufener bin. Aus diesem Bewusstsein heraus wende ich mich Gott zu und öffne mich ihm. Der Mensch ist dabei stets der Empfangende, Beschenkte. Es gibt ja das schöne Gedicht «Der römische Brunnen» von Conrad Ferdinand Meier, das für dieses Geschehen wie ein Sinnbild ist. Meyer beschreibt darin, wie jede Schale des Brunnens ihr Wasser von der oberen Schale empfängt und es dann an die untere Schale weitergibt. Ganz ähnlich kann sich der Mensch als ein Gefäss erfahren, das mit Gottes Gnade gefüllt wird – und weil er beschenkt ist, kann er auch Schenkender sein.

Was ist spirituell gesehen der Hauptfeind des Gebetes?

Unsere hektische, betriebsame Zeit ist dem Gebet nicht zuträglich. Unser Alltag wird dominiert von schnellen Betriebsabläufen, schneller Kommunikation und schnellem Konsum. Da gibt es kaum Nischen für die Meditation und Kontemplation. Das Gebet erfordert Zeit, ja verlangsamt sogar die Zeit – und steht darum quer in der Landschaft der Hektik. Aber die inneren «Feinde» des Gebets sind wahrscheinlich gewichtiger. Zum Beispiel der Umstand, dass wir uns als Menschen, obwohl wir auf ein Du hin angelegt sind, immer wieder in den Mittelpunkt stellen und um uns selber kreisen. Diese Egozentrik, dieser Narzissmus, wird in der christlichen Tradition «Sünde» genannt. Der Feind des Gebetes ist dieses Verschlossensein in sich selber. Als Christ weiss ich aber, dass Christus dieses Gefängnis der Ichverliebtheit aufgesprengt hat. Darum ist christliches Gebet Gebet im Namen Jesu.

Durch die Egozentrik stehen wir uns selber im Weg und versperren uns damit auch den Zugang zu Gott.

Und wir versperren uns auch den Zugang zu einem tiefen, inneren Frieden. Paulus sagt einmal, Gott sei nicht ein Gott der Unordnung, sondern des Friedens (1. Korintherbrief 14, 33). Zur Unordnung eines Tages gehört, dass ich mir keine Zeit zum Gebet nehme. Zum Frieden aber eines Tages, der mir geschenkt ist, gehört immer beides: das Zupacken und das Loslassen, das Nach-aussen-Treten und das In-sich-Gehen, das Argumentieren und das Stillwerden im Gebet, das Zeitunglesen und das Bedenken dessen, was mir durch das Wort der Bibel gesagt ist. Viele von uns leiden daran, dass diese Balance gestört ist. Und daran leiden dann auch die Kirche und die Gesellschaft.

In Ihrer Predigt sprechen Sie auch von der Fürbitte. Gehört die Fürbitte zu jedem Gebet?

Das Gebet darf nicht autistisch werden, sondern verweist mich immer wieder auf den weiten Horizont aller Menschen, ja der ganzen Schöpfung. Die Fürbitte halte ich für eine ganz grosse Kraft. Mich beeindruckt und ermutigt es, wenn mir jemand zu verstehen gibt, dass er in der Fürbitte an mich denkt. Die Fürbitte schafft eine Haltung des Respekts und der Verbundenheit mit anderen Menschen. Wenn ich für jemanden Fürbitte leiste, kann ich ihn nicht gering achten, kann ihm nicht lieblos begegnen.

In Ihrer Bettagspredigt sagen Sie: Christen beten für alle Menschen. Sie beten für die Notleidenden, aber sie beten auch für die Verantwortungsträger.

Ja, für beide. Durch alle Jahrhunderte hat die Kirche in der öffentlichen Fürbitte der Armen und Kranken gedacht. Damit hat sie die Verpflichtung übernommen, sich aktiv für Arme, Kranke und Zukurzgekommene einzusetzen. Aber sie hat immer auch Fürbitte für die Verantwortlichen in Politik, Wirtschaft und Wissenschaft geleistet – und damit gezeigt, dass diese Menschen sowohl der Fürbitte würdig als auch der Fürbitte bedürftig sind.

Aber liegt im Beten für die Mächtigen nicht auch die Gefahr, dass man dadurch ihre Macht legitimiert, ja fast sakralisiert?

Tatsächlich ist die staatliche Macht immer wieder mit sakralem Anspruch aufgetreten. Staatliche Macht wollte verehrt sein, auch religiös verehrt sein. Das zeigt sich zum Beispiel im römischen Kaiserkult. Der Kaiser wurde als «dominus et deus», als Herr und Gott, verehrt. Darum mussten ihm wie einem Gott Opfer dargebracht werden. Durch diesen Kult wurde der Staat zum Götzen.

Die frühen Christen lehnten diesen Kaiserkult ab und wurden darum vielfach blutig verfolgt.

Der Glaube an Christus machte es ihnen unmöglich, am politischen Gottesdienst der römischen Staatsmacht teilzunehmen. Sie weigerten sich, den Kaiser anzubeten. Aber für den Kaiser zu beten, für ihn Fürbitte zu leisten – dies war seit frühchristlicher Zeit ein fester Bestandteil des Gottesdienstes. Das Gebet für den Kaiser brachte die Überzeugung zum Ausdruck, dass auch der Kaiser ein unvollkommener, sterblicher Mensch ist. Die Fürbitte relativiert also die staatliche Macht.

Und wie steht es heute mit der Fürbitte für die Mächtigen?

Wir Heutigen machen es uns zu einfach, wenn wir salopp von «den Mächtigen» reden. In einem demokratischen Rechtsstaat gibt es ja nicht mehr «die da oben» und «die da unten», die Mächtigen und die Beherrschten. Alle tragen wir Verantwortung für das Wohl der Gesellschaft. Für diejenigen zu beten, denen im Besonderen Verantwortung anvertraut ist, scheint mir aber auch heute wichtig zu sein, sei dies für die Verantwortlichen im Staat, in der Wirtschaft, in der Wissenschaft oder in der Kirche. Mit der öffentlichen Fürbitte für sie alle bittet die Kirche darum, dass sie ihre Macht nicht egoistisch missbrauchen, sondern sich für das Wohl aller einsetzen. So betont das fürbittende Begleiten der Verantwortlichen ihre Relativität wie auch den Respekt vor ihrer Aufgabe, die sie erfüllen.

Fürbitte also als «kritische Loyalität»?

So ist es. Schon Zwingli betont dieses Doppelsinnige der Fürbitte: Die christliche Obrigkeit soll im Gebet begleitet werden. Falls die Obrigkeit aber ihre Macht missbraucht, hat sie ihr Mandat verwirkt. Dann kann Widerstand gegen sie zur Christenpflicht werden. Das darf nie leichtfertig geschehen, gehört aber zur Verantwortung, die uns durch das Evangelium übertragen ist. Dietrich Bonhoeffer hat den Extremfall solcher Verantwortung durchlebt und durchlitten. Nach langem innerem Ringen gelangte er zur Überzeugung, dass der Widerstand gegen Hitler, ja die Vorbereitung eines Attentats auf sein Leben, ihm vom Evangelium aufgetragen sei.

Der Befreiungstheologie betont, dass sich Jesus primär den Ohnmächtigen, denjenigen am Rande der Gesellschaft, zugewandt hat. Darum müsse sich auch die Kirche vorrangig für die «Ohnmächtigen» einsetzen. Gilt dies nicht auch für die Fürbitte?

Die Fürbitte für die Verantwortungsträger nimmt diese in Pflicht. Mit der Fürbitte für die Leidenden und Ausgegrenzten dieser Welt nimmt sich die Kirche hingegen auch selbst in

Pflicht. Wer für die Armen betet, der muss alles tun, um für sie und mit ihnen Wege aus der Armut zu finden. Zur Fürbitte gehören daher nicht nur die Kollekte, die freiwilligen Spenden, sondern auch das Überdenken des gesamten Finanzhaushaltes der Kirche und der Prioritäten ihres Tuns. In Zeiten knapper werdender Mittel darf es nicht so sein, dass bei den Beiträgen an die Hilfswerke und Missionen gespart wird, weil es uns dort am wenigsten weh tut. Ja es gilt, diakonische Verantwortung in unserem Land und weit darüber hinaus sogar noch mehr wahrzunehmen und für gerechtere Verhältnisse in Wirtschaft und Politik einzutreten, selbst auf die Gefahr hin, dass sich die Kirche dadurch unbeliebt macht und als «linkslastig» verdächtigt wird.

Die Fürbitte hat also auch eine öffentliche, ja politische Dimension. Und sie ist gemeinschaftsstiftend.

Der Aufruf zur Fürbitte war früher ein fester liturgischer Bestandteil des Gottesdienstes. Ich erinnere mich gut, wie es mir als Konfirmand Eindruck machte, wenn ich da Sonntag für Sonntag von der Kanzel hörte: «Bittet Gott füreinander. Bittet Gott für uns. Wir tun es auch für euch.» Dadurch wurde mir bewusst: Der Pfarrer betet für mich – und ist zugleich auf mein Gebet angewiesen. Damit war die Kanzel schon etwas weniger hoch, als ich sie vorher empfunden hatte. Und ich spürte: Kirche ist Gebetsgemeinschaft, Fürbittegemeinschaft.

Als mein Gebet immer andächtiger und innerlicher wurde, da hatte ich immer weniger und weniger zu sagen. Zuletzt wurde ich ganz still. Ich wurde, was womöglich noch ein grösserer Gegensatz zum Reden ist, ich wurde ein Hörer. Ich meinte erst, Beten sei Reden. Ich lernte aber, dass Beten nicht bloss Schweigen ist, sondern Hören. So ist es; Beten heisst nicht sich selbst reden hören. Beten heisst: still werden und still sein und warten, bis der Betende Gott hört.

Sören Kierkegaard

Felix und Regula –
die Zürcher Stadtheiligen

Jesus Christus spricht: «Ihr werdet meine Zeugen sein in Jerusalem und in ganz Judäa und Samarien und bis ans Ende der Erde.»

Apostelgeschichte 1, 8

Liebe Gemeinde

Im Jahr 853 vermachte Kaiser Ludwig der Deutsche, Enkel Karls des Grossen, einem Kloster in Zürich grosszügige Ländereien. Er übergab das Kloster seiner Tochter Hildegard. In der Urkunde, die als Stiftungsurkunde der Fraumünsterabtei gilt, ist vom «Dorf Zürich» die Rede. Von der Stadt ist also um diese Zeit noch nicht viel Grossartiges zu berichten. Dann aber folgt der ehrfürchtige Hinweis, dass in jenem «Dorf Zürich die Heiligen Felix und Regula, Märtyrer Christi, dem Leibe nach ruhen». Das also ist von Zürich im frühen Mittelalter vor allem und zuerst zu sagen: Zürich ist die Stadt der Märtyrer Felix und Regula.

Der mittelalterliche Mensch mass die Bedeutung einer Stadt nicht nur an Toren und Türmen und der Grösse der Einwohnerschaft. Die Stadtheiligen hatten da eine grössere Bedeutung. Ihre Reliquien – die Verehrung ihrer sterblichen Überreste – machten eine Stadt berühmt und liessen sie Ziel von Wallfahrten werden.

Im Grossmünster, im Fraumünster und in der Wasserkirche wurden Felix und Regula geehrt und ihre Reliquien verwahrt. Der legendäre Todestag der Heiligen, der 11. September, war in Zürich hoher Festtag und Volksfest. Er wurde noch nach der Reformation begangen. Der weltliche Teil lebt im «Knabenschiessen» weiter, der geistliche ist – leider – untergegangen! Die Zürcher Kirchen sind um den 11. September nicht wegen der Stadtheiligen beflaggt, sondern wegen eines weltlich-wehrhaften Chilbi-Festes. Eine merkwürdige Ironie der Geschichte!

Felix und Regula sollen uns darum wenigstens in dieser Predigt am Morgen nach dem Felix-und-Regula-Tag näher gebracht werden. Aber das haben wir doch hinter uns, die Heiligenverehrung; wir sind ja schliesslich Protestanten, könnte man nun einwenden. Nur keine Angst, das Fraumünster wird nicht rekatholisiert durch eine Felix-und-Regula-Predigt. Aber darauf ist gerade hier hinzuweisen: Felix und Regula dürfen als Glaubenszeugen auch in der reformierten Kirche nicht vergessen werden. Ihr Kult wurde zwar 1524 abgeschafft, ihre Überreste bestattet, zu Recht. Christliche Spiritualität soll sich nicht auf angebliche oder echte Überreste, Reliquien, der Zeuginnen und Zeugen Jesu Christi konzentrieren, sondern auf deren Dienst und Botschaft. Die Heiligenverehrung war zudem auch in Zürich mit den bekannten Auswüchsen in hohem Schwang; Wallfahrten und Ablassunwesen standen wahrer christlicher Frömmigkeit im Weg. Und doch: mit der Abschaffung eines Missbrauches allein ist es nicht getan.

Menschen, die von der mittelalterlichen Kirche «Heilige» genannt wurden, waren exemplarische Christen. Menschen, die durch Menschlichkeit und Barmherzigkeit das Bild Christi in Kirche und Gesellschaft wachhielten, auch Menschen, die in die Einsamkeit zogen, um ganz für Gebet und Meditation zu leben. Gerade dadurch waren sie für Kirche und Gesellschaft von grosser Bedeutung. Sigmund Widmer, Historiker und ehemaliger Stadtpräsident von Zürich, sagt im Hinblick auf sie: «Die Welt wird weniger durch die handelnden Politiker als durch die in Abgeschiedenheit denkenden Menschen verändert.»

Das Andenken dieser Bekenner und Beter wurde nicht nur durch den von der Reformation zu Recht abgeschafften Heiligenkult wachgehalten. Ihre Legenden, ihre Lebensgeschichten, wurden erzählt und auch in Gemälden festgehalten. In Zürich ist dies durch ein Relief an einer Säule des Grossmünsters aus dem 12. Jahrhundert und durch die eindrücklichen Bilder des Zürcher Malers Hans Leu Ende des 15. Jahrhunderts geschehen. Paul Bodmer hat die Legende 1931 auf den Fresken des Fraumünsterkreuzganges festgehalten.

Legenden darstellen, Legenden erzählen, damit sie durchsichtig werden auf unser heutiges Christsein hin, das ist der Sinn des Gedenkens an die «Heiligen». Von Spiritualität und Meditation ist heute viel die Rede, davon, dass das Göttliche in uns zu erspüren sei. Dies birgt aber auch die Gefahr in sich, dass man nur bei sich selbst und seiner eigenen religiösen Erfahrung bleibt. Wo wir aber die Lebensgeschichten und Erfahrungen exemplarischer Christinnen und Christen erzählen, meditieren, da sind wir daran erinnert: Vor mir haben Menschen gelebt, geglaubt, gezweifelt, sich gefreut und gelitten, sich ins Evangelium versenkt und haben sich für das Evangelium eingesetzt. Diese Menschen sind nicht verschwunden und tot. Sie sind, um mit Dietrich Bonhoeffer zu reden, als «gute Mächte» um uns, welche uns ermutigen zum Glauben und Leben.

In diesem Sinn soll jetzt im Fraumünster, über Jahrhunderte eine Felix-und-Regula-Kirche, die Legende der Stadtheiligen erzählt und bedacht werden. Ob diese Geschichte historisch zu belegen ist, ist nicht entscheidend. Wichtig ist, dass diese Legende uns ermutigt und stärkt zu dem Zeugendienst, in welchen der auferstandene Christus die Seinen ruft: «Ihr werdet meine Zeugen sein!» (Apostelgeschichte 1, 8).

Felix und Regula waren solche Glaubenszeugen. Die Legende bringt sie mit der Thebäischen Legion in Zusammenhang. Wir sind in die Jahre um 300 nach Christus zurückversetzt. Unter dem Kaiser Diokletian kommt es nochmals zu Christenverfolgungen. In Agaunum, im heutigen St-Maurice im Wallis, war eine römische Legion aus Theben, dem heutigen oberägyptischen Luxor, stationiert. Die Legion soll ausschliesslich aus Christen bestanden haben. Und diese sollten, da sie ihrem Glauben nicht abschwören wollten, hingerichtet werden. Ihr Kommandant, Mauritius, welcher in St-Maurice verehrt wird, warnte vor seinem Tod seinen Offizier Felix, welcher mit seiner Schwester Regula fliehen konnte.

Die Legende von der Thebäischen Legion verbindet uns bis heute mit den Christen Ägyptens. Die christlichen Kopten, Nachfahren der alten Ägypter, besiedelten einst ganz Ägypten, welches früh christlich geworden war. Im Laufe der Jahrhunderte verlor Ägypten durch arabische Besiedlung und islamische Herrschaft seinen christlichen Charakter. Aber noch immer sind etwa zehn Prozent der Bevölkerung koptische Christen. Vor allem in Oberägypten haben sie sich halten können. Trotz vieler Widerwärtigkeiten und Benachteiligungen halten sie ihrem christlichen Glauben die Treue. So könnte uns die Legende von der Thebäischen Legion sagen: «Ihr habt euren Glauben nicht selber erfunden, ihr habt ihn geschenkt bekommen. Tragt ihm darum Sorge. Vergesst nicht, was die

Nachfahren jener Menschen, die Kopten, die zum Teil auch in der Schweiz leben, um ihres Glaubens willen alles erduldet haben und noch heute auf sich nehmen müssen.»

Von Felix und Regula wird berichtet, dass sie auf ihrer Flucht über das Oberwallis ins Urnerland, dann ins Glarnerland und schliesslich über die Linthebene an den Fluss «Lindimacus» zum «castrum Torico» kamen, an die Limmat, zur Burg Zürich. Es war noch nicht die Zeit der Bergwanderungen. Die Legende meint einen Weg voll Angst und Schrecken, einen gefahrvollen Umweg von St-Maurice nach Zürich. Schreckenswege bleiben keinem von uns erspart. Und Umwege, ja Irrwege gibt es in jedem Leben. Aber wenn wir zurückblicken, erkennen wir oft in Umwegen oder sogar Irrwegen Wege des Segens. Die Gerade mag die kürzeste Verbindung zwischen zwei Punkten sein. Aber im Leben geht es nicht nach den Gesetzen der Geometrie. Gott schreibt auch auf krummen Zeilen gerade. Es gibt in unserem Leben Umwege und Irrwege, die wir nicht missen möchten: Erfahrungen der Mutlosigkeit, aus welchen wieder Kräfte entstehen, Widerstände, die uns stärken, Erfahrungen des Scheiterns, die uns demütig und menschenfreundlicher machen.

Felix und Regula, das Geschwisterpaar, bleibt beieinander auch auf Umwegen und Irrwegen des Lebens. Die Legende verherrlicht keinen einsamen, heldenhaften Mann, wie mancher nach altem Muster gestrickter Abenteuerroman. Mann und Frau sind hier im Namen Gottes unterwegs, nicht Eheleute, die einander gewählt haben, sondern Geschwister – zwei selbstständige, eigenverantwortliche Menschen, die dennoch zusammengehören. Regula ist in der Legende oft die Handelnde und Redende. Die Kirche hat offensichtlich schon immer gewusst, wie der Glaube durch Frauen weitergegeben wurde: von den alttestamentlichen Erzmüttern, von den Frauen, die Jesus begleiteten, von den Frauen, die die Apostel aufnahmen und für ihren Lebensunterhalt aufkamen, von Frauen aller Jahrhunderte, die aus ihrer Glaubensüberzeugung redeten und handelten. In der Zeit der Zürcher Reformation war es – wie eine dieser Tage erschienene Publikation zeigt – in eindrücklicher Weise die letzte Äbtissin des Fraumünsters, Katharina von

Zimmern, die die Reformation bejahte und nach Kräften förderte. Anna Reinhard, die Ehefrau Huldrych Zwinglis, und Anna Adlischwyler, die Frau Heinrich Bullingers, stehen leider immer noch im Schatten ihrer Männer.

Aber nun wieder zu Felix und Regula. Diese wurden von ihren Häschern verfolgt. Sie blieben durch ein Wunder unerkannt. Aus eigenem Entschluss haben sie sich den Verfolgern gestellt und sich vor ihnen zum christlichen Glauben bekannt. Christen sind auch in ihrem Angefochtensein keine Duckmäuser. Sie behalten ihre innere Freiheit. Dietrich Bonhoeffer wurde wegen Konspiration gegen Hitler in ein Nazigefängnis eingeliefert. Ein italienischer General, der ihm dort begegnet ist, sagt, Bonhoeffer sei ihm nicht wie ein Gefangener vorgekommen, wenn er aus der Zelle trat, sondern wie ein Gutsherr unter der Türe seines Schlosses. Aufrechte, gelassene, auch selbstbewusste Christinnen und Christen – das ist auch heute, sei es im politischen Bereich, sei es im Dschungel neureligiöser Bewegungen, notwendiger denn je.

Gegen Felix und Regula musste nicht erst ermittelt werden. Auf die Frage des Statthalters Decius folgt wie aus einem Munde die Bestätigung: «Ja, wir sind Christen.» Wir mitteleuropäischen Christen sind mit dem Bekenntnis zurückhaltend geworden, möchten Angehörige anderer Religionen und Religionslose nicht verletzen. Aber das gelassene, freie und offene «Ja, wir sind Christen» beleidigt niemanden. Oft schafft es erst die Voraussetzung, mit Menschen aus anderen Religionen ins Gespräch zu kommen. Ein islamischer Student sagte mir: «Als islamischer Gläubiger bin ich enttäuscht, weil ich an der Universität kaum Christen treffe. Für mich ist das Bekenntnis zum Islam selbstverständlich. Darum möchte ich mit Christen ins Gespräch kommen, sie kennen lernen, verstehen und respektieren.»

Felix und Regula antworten: «Ja, wir sind Christen», und verweigern das Opfer für die römischen Staatsgötter. Ihr Glaube ist nicht einfach Privatsache. Sie stellen sich der Alternative Gott oder Götzen, Christus oder die an politischer Nützlichkeit orientierten Staatsgötter. Also nicht Gott und wirtschaftliche Notwendigkeit, nicht Gott und ein bisschen politisches Kalkül, nicht Gott und kirchliche Opportunität.

Gott oder die Götzen. Eine Entscheidung, die wahrhaftig niemandem erspart bleibt, welcher in der Nachfolge Christi zu leben versucht.

Felix und Regula werden mit dem Tod bedroht. Sie antworten: «Unser Leib ist zwar in deiner Gewalt, unsere Seelen aber sind in der Gewalt dessen, der uns erschaffen hat.» Der Reformator Huldrych Zwingli hat zwar den Felix-und-Regula-Kult abgeschafft. Sterbend aber hat er in der Schlacht von Kappel fast dieselben Worte gebraucht: «Was tuts? Den Leib können sie töten, nicht aber die Seele.» Eine Gewissheit ist angesprochen, über die wir zwar nicht verfügen, die uns aber auch in äussersten Situationen tragen will: Gottes Lebenswirklichkeit ist stärker als alles Negative, Lebensfeindliche, stärker als der Tod.

Die Legende sagt dies in einem Bild. Als der Henker sein Werk tun wollte, seien Engelsstimmen zu hören gewesen: «Ins Paradies mögen euch die Engel geleiten, und mit Herrlichkeit mögen euch die Märtyrer aufnehmen.» Engel – glauben Sie an Engel? Ja, das wäre nun ein weites Feld. Aber wer hätte es nicht auch schon erfahren, jenes getroste Getragensein von Zuversicht und Hoffnung auch mitten in Widrigkeiten. Dietrich Bonhoeffer hat es in der Todeszelle in die Worte gefasst: «Von guten Mächten wunderbar geborgen, erwarten wir getrost, was kommen mag. Gott ist mit uns am Abend und am Morgen und ganz gewiss an jedem neuen Tag» (Reformiertes Gesangbuch 550). Ja, Gottes Engel, Gottes «gute Mächte» tragen uns, auch die guten Gedanken und Gebete der Menschen um uns.

Der Tod allerdings blieb Felix und Regula und ihrem Diener Exuperantius, volkstümlich «Häxebränz» genannt, nicht erspart. Die Legende drückt es wieder bildhaft aus: Nach der Enthauptung heben die Stadtheiligen ihre Köpfe auf und gehen vierzig Schritte von der Limmat bergwärts. Da, wo heute das Grossmünster steht, brechen sie zusammen. Mit anderen Worten: Gottes Sache geht weiter, auch wenn Menschen scheitern. Die vierzig Schritte der Heiligen entsprechen der vierzigjährigen Wüstenwanderung Israels und den vierzig Tagen Jesu in der Wüste. Durch die Wüste eines Menschenlebens, durch die Wüste des Todes hindurch trägt Gottes Verheissung. Der legendäre Gang der Heiligen ist ein Bild der Hoffnung, einer Hoffnung, die Paulus so ausdrückt: «Es wird gesät in Verweslichkeit, es wird auferweckt in Unverweslichkeit; es wird gesät in Unehre, es wird auferweckt in Herrlichkeit; es wird gesät in Schwachheit, es wird auferweckt in Kraft; es wird gesät ein natürlicher Leib, es wird auferweckt ein geistiger Leib» (1. Korintherbrief 15, 42–44).

Das Siegel der Stadt und später des Kantons Zürich zeigt die Heiligen, die ihre Köpfe in den Händen tragen. Auch auf der Medaille des Zürcher Kantonsrates ist das Bild der Heiligen. Dies ist nicht etwa, wie böse Zungen behaupten, ein Zeichen der «Kopflosigkeit der Zürcher Politik». Nein, hier geht es um eine christliche Prägung von Geschichte und Gegenwart unseres Staatswesens, welche sich auch in jedem Schweizer Pass zeigt, der in Zürich ausgestellt wird: auch dort sind die Heiligen im Staatssiegel zu finden.

Der Zürcher Kirchenhistoriker Walter Nigg hat sich besonders mit der Felix-und–Regula-Legende auseinander gesetzt und sie auch für die reformierte Kirche wiederzugewinnen versucht. Er folgert aus der einzigartigen Verflochtenheit der Zürcher und der Schweizer Geschichte mit der Geschichte von Felix und Regula: «Nicht nur Zürich, auch die Eidgenossenschaft und das ganze Abendland ist aus der zweifachen Wurzel von Christentum und Griechentum herausgewachsen. Der Zusammenhang von Christentum und Eidgenossenschaft ist durch die Geschichte gegeben, ihre Verflochtenheit reicht bis zum tiefsten Seinsgrund hinab, die Schweiz steht und fällt mit dem Evangelium.»

Damit sind wir bei dem, worauf der Pfarrer auf der Fraumünsterkanzel wohl am kommenden Bettag hinweisen wird. Und so wird noch an manchem Sonntag, wenn auch eher implizit als explizit, im Fraumünster eine Felix-und-Regula-Predigt gehalten werden, eine Predigt also, die uns auf Christus hinweist und uns in seine Nachfolge ruft: «Ihr werdet meine Zeugen sein.» Amen

Predigt im Fraumünster Zürich;
Sonntag, 12. September 1999

Heilige sind von Gott ergriffen

Die Reformation hat die Heiligen aus der Kirche verbannt. Ist Ihre Predigt gewissermassen der Versuch einer Rehabilitation der Heiligen?

Heilige müssen nicht rehabilitiert werden. Sie sprechen für sich selber, durch alle Jahrhundert hindurch.

Was heisst das?

Heilige sind nicht nur Menschen, die durch die katholische oder die orthodoxe Kirche zu Heiligen erklärt werden. Heilige sind im neutestamentlichen Sprachgebrauch Menschen, die von Gott geheiligt sind, also zu Gott gehören. Der Apostel Paulus hat darum die ganze Gemeinde als «Heilige» angesprochen. In diesem Sinne verstand sich die Kirche stets als «communio sanctorum», als «Gemeinschaft der Heiligen».

Aber offenbar hat sich der Sprachgebrauch gewandelt. Später wurden nur noch aussergewöhnliche Menschen als Heilige bezeichnet.

Ja, in frühchristlicher Zeit hat man vor allem Märtyrer, die ihr Leben für ihren Glauben gaben, oder andere Menschen, die in vorbildlicher Weise gelebt hatten, als Heilige bezeichnet. Meistens wurden solch aussergewöhnliche Menschen vom Volk schon zu Lebzeiten bewundert und nach ihrem Tod als Heilige verehrt. Oft lebten sie am Rande der Gesellschaft, man bat sie um Rat, geistliche Begleitung und Fürbitte. Vielfach wurden ihnen Wundertaten zugeschrieben. Die kirchenrechtliche Heiligsprechung durch den Papst setzte sich erst im 11. Jahrhundert durch. Dies ging parallel zum Ausbau der zentralen Macht des Papsttums. Im ersten christlichen Jahrtausend hat das Volk heiliggesprochen, durch seine Verehrung und Liebe.

Fast alle Religionen kennen die Heiligenverehrung. Der Mensch braucht offenbar Vorbilder und Idole.

Ja, dieses Bedürfnis nach Leitfiguren gehört zu uns Menschen. Dies ist auch im politischen Bereich oder in der Popkultur zu beobachten. Auch die weltweite Popularität des Papstes oder des Dalai Lama kann damit erklärt werden. Die Sehnsucht nach Idolen wurde und wird zwar oft auch instrumentalisiert und missbraucht. Dennoch kommen wir nicht ohne Identifikationsfiguren aus. Glaube und Werte können nicht abstrakt vermittelt werden. Nur aus gelebtem Glauben kann gelebter Glaube entstehen. Darum braucht es Heilige – offizielle und andere. Wir brauchen Menschen, die ihren Glauben glaubwürdig leben und damit andere zum Glauben ermutigen.

Heisst dies, dass wir uns vermehrt mit den Heiligen und Heiligenlegenden beschäftigen sollten?

Heiligenlegenden sind voll von symbolischen Aussagen, die uns zum Glauben ermutigen. Heilige wollen uns gleichsam anstecken, infizieren mit ihrer Heiligkeit, mit ihrer Glaubenserfahrung. Heiligenlegenden machen uns bewusst, dass die Kirche nicht nur eine Gemeinschaft der Christen aller Orte, sondern auch der Christen aller Zeiten ist. Wir verdanken unseren Glauben einer ganzen Überlieferungskette. In dieser Kette sind die Heiligen markante Persönlichkeiten, die eine grosse Ausstrahlung haben. Davon lebt auch die reformierte Kirche. Unsere Kirche ist nicht vor fünfhundert Jahren gegründet worden. Sie ist nicht die Kirche Zwinglis oder Calvins. Wir sind Kirche Jesu Christi aller Orte und aller Zeiten. Die Kirchengeschichte fängt nicht erst mit der Reformation an. Die Christen, die vor der Reformation gelebt haben, gehören mit ihrem Licht und ihrem Schatten genauso zu uns.

In der Galerie der Heiligen hat Maria, die «Mutter Gottes», eine herausragende Bedeutung. Zu Maria hatten die Reformatoren anfänglich eine innige Beziehung…

Die Reformatoren haben Maria als «Mutter des Herrn» geehrt. Dies zeigt Zwinglis Marienpredigt von 1522 oder Luthers feine, mystisch geprägte Auslegung des Magnificat, des Lobgesangs der Maria (Lukas 1, 46–55). Für die Reformatoren war Maria Vorbild und Inbegriff des glaubenden Menschen. Darum wurde in den ersten Jahrzehnten der Zürcher Reformation weiterhin das «Ave Maria» gebetet. Dies nicht nur in der persönlichen Andacht, sondern auch in den öffentlichen Gottesdiensten. Erst später, in der Barockzeit, als die katholische Kirche Maria als «Himmelskönigin» verehrte, wurde von den Protestanten jede Marienverehrung als katholisch empfunden und abgelehnt.

Maria wurde so aus der protestantischen Frömmigkeit verbannt. War dies nicht eine problematische Entwicklung?

Durchaus. Das Weibliche, das Mütterliche und so das Ganzheitliche des Glaubens ging damit verloren. Die Ablehnung der Maria förderte eine spröde, intellektualistische, männlich geprägte Frömmigkeit. Die Volksfrömmigkeit verlor damit die Dimension der Mütterlichkeit des Göttlichen. Sicher, eine Göttin darf Maria nicht werden, aber das evangelische Leitwort «Solus Christus», «Christus allein», kann Menschen auf dem Weg des Glaubens auch einsam werden lassen.

Ist dies ein Plädoyer für eine neue evangelische Marienfrömmigkeit?

Ja. Maria als Begleiterin und Trösterin – warum soll das nicht auch zutiefst evangelisch sein? Viele Christinnen und Christen aller Jahrhunderte, ja sogar Menschen aus anderen Religionen, haben Maria, diese jüdische Frau, in Ehrfurcht und Dankbarkeit verehrt. Sie haben sich mit Marias leidvoller Erfahrung als Mutter des gekreuzigten Sohnes identifiziert. Maria unter dem Kreuz – dies wurde mit Worten, Musik und Malerei unendlich oft dargestellt. Die Menschen wussten, dass Maria, die Leidende, Leidende versteht und tröstet. Dies zeigt sich auch in der mittelalterlichen Malerei. Da wird Maria oft als Schutzmantel-Madonna dargestellt – eine riesige Mariengestalt, unter deren Mantel die Menschen, weltliche und geistliche, hohe und niedrige, Zuflucht finden.

Maria hat die Künstler immer wieder beschäftigt und inspiriert.

Für mich sind die Gesichtszüge in den Marienbildern etwas vom Ergreifendsten in der Kunstgeschichte. In ihrem Gesicht spiegelt sich unendlich viel: Menschlichkeit und Liebe, Hoheit und Demut, Selbstbewusstsein und Gelassenheit; aber auch ein Wissen um das Geheimnis von Gott und Mensch. Vor Jahren stand ich tief ergriffen vor der Pietà von Michelangelo im Petersdom in Rom. Dabei war ich nicht nur ästhetisch berührt, sondern fühlte mich durch die Gestalt der Maria mit ihrem Sohn auf den Armen wie aus der Ewigkeit angerührt. Dieses Erlebnis möchte ich nicht missen. Aber auch viele Dichter haben über Maria oft einfühlsamer berichtet als Theologen, die wortreich über sie disputiert haben.

Sie haben offenbar eine sehr persönliche Beziehung zu Maria?

Maria ist für mich keine Göttin und keine wunderwirkende Mittlerin, aber sie gehört für mich zu den «guten Mächten», von denen sich Dietrich Bonhoeffer selbst in seiner Gefängniszelle «wunderbar geborgen» weiss. Auch das «Ave Maria» bedeutet mir viel. Was für ein schönes Bild: Maria gratia plena – Maria erfüllt mit Gnade!

Aber war der Kampf der Reformatoren gegen den Heiligenkult nicht berechtigt?

Doch, die Abschaffung des Heiligenkults und der Reliquienverehrung war notwendig und richtig. Im Spätmittelalter wurde der ganze Himmel mit Heiligen bevölkert – und das Ergebnis davon war eine neue Form des Polytheismus. Die Heiligen waren den Menschen schliesslich näher als das Evangelium. Der Reliquienkult führte zudem zu einer problematischen Verdinglichung des Sakralen. Sterbliche Überreste wurden auf Altären verehrt, und von ihnen wurden gar Wunder erwartet. Entsprechend gross war der Handel mit Reliquien.

Zur Heiligenverehrung gehört auch die Vorstellung, dass die Heiligen im Himmel Fürsprecher für die Menschen sind.

Auch dies, die Anrufung der Heiligen als Fürbitter, hat die Reformation abgelehnt. Zu Recht hat sie gegen die spätmittelalterliche Kirche protestiert, da diese das menschliche Bedürfnis nach der Verehrung der Heiligen wirtschaftlich und religiös ausgebeutet hat.

In Ihrer Predigt erzählen und deuten Sie die Legende der Zürcher Stadtheiligen. Im vergangenen Jahr haben orthodoxe Gemeinden am 11. September in der Zürcher Wasserkirche eine eindrückliche Feier zu Ehren von Felix und Regula gestaltet.

Es freut mich, dass diese Feier 2004 sogar im Grossmünster stattfindet. Dort wurden bis zur Reformation die Gräber der Heiligen verehrt. Das ist doch wirklich ermutigend: die Legende von Felix und Regula kann Christen verschiedener Konfessionen zusammenführen und sie an ihre gemeinsamen Wurzeln erinnern.

In der Reformationszeit wäre eine solche Feier undenkbar gewesen.

Damals wurde nur der Kult um die Heiligen abgeschafft, nicht aber das rechte Gedenken an sie. Das Gedenken an die Märtyrer des Glaubens ist etwas Urreformatorisches. Im Übrigen hiess eine Tochter von Zwingli wohl nicht zufällig Regula.

Der 11. September ist der legendäre Todestag von Felix und Regula. Seit drei Jahren ist dieses Datum mit einem ganz anderen schrecklichen Ereignis verknüpft.

Ja, «nine-eleven» erinnert uns an die Schrecken des Terroranschlages in New York vom 11. September 2001. Dieses Datum signalisiert eine Zäsur. Die Welt ist seither nicht mehr, wie sie war. Unvorstellbares ist vorstellbar geworden. Diffuse, apokalyptische Ängste haben sich seither breit gemacht. Persönlich denke ich, dass gerade die Legende von Felix und Regula als geistlicher Kontrapunkt zum 11. September 2001 gelesen werden kann: Dem Schreckensereignis von 2001 steht eine alte Geschichte der Hoffnung gegenüber. Felix und Regula werden enthauptet – und dadurch werden dem Evangelium neue Türen geöffnet. Das Signum des 11. Septembers kann von daher auch so gelesen werden: Gott schenkt durch alles Scheitern und Verderben hindurch Kräfte der Hoffnung und der Versöhnung, auch der Versöhnung zwischen den Religionen.

Gerade die Legende von Felix und Regula könnte aber auch als «Kampf der Kulturen» gedeutet werden: Frühchristliche, koptische Missionare werden von der römischen Staatsmacht getötet. Später dann haben Christen ihrerseits gegen Andersgläubige zum Schwert gegriffen und mit Gewalt missioniert.

In den ersten Jahrhunderten waren es die Märtyrer, die zur Verbreitung des christlichen Glaubens den wichtigsten Beitrag leisteten. Ihr Zeugnis war glaubwürdig, weil sie ihr Leben für den christlichen Glauben hergaben. Auch später wurde die Verbreitung des Christentums oft durch eindrückliche, uneigennützige Persönlichkeiten getragen. Und es wurden dadurch auch wichtige kulturelle Leistungen vollbracht. Aber es stimmt leider: Die Kirchengeschichte und auch die Missionsgeschichte wurden oft mit Blut und Tränen geschrieben. In blindem Glaubenseifer wurden Menschen und Völker vernichtet und Kulturen zerstört. Dies hat sich besonders die europäische Christenheit immer wieder vor Augen zu halten. Dennoch darf man nicht vergessen, dass durch die Ausbreitung des Christentums neue Kulturen entstanden. Dies gilt für Europa selbst. Und was etwa Afrika betrifft, so sind dort nicht nur die verheerenden Folgen einer «christlichen» Kolonisation mit Händen zu greifen, sondern es sind auf diesem Kontinent auch faszinierende Inkulturationen des Evangeliums zu beobachten.

Inkulturation in Ehren. Dies hat auch christliche Kolonialherren nicht davon abgehalten, afrikanische Menschen zu versklaven.

Die Sklaverei war und ist in ihrer Unmenschlichkeit Sünde wider das Evangelium. Ich bedaure, dass auch das Neue Testament nicht deutlicher gegen die Versklavung von Menschen Stellung nimmt. Das zentrale christliche Glaubensbekenntnis ist doch schon in neutestamentlicher Zeit «kyrios jesus christos», «Herr ist Jesus Christus». Dies ist ein Befreiungsruf. Da wackeln irdische und überirdische Götzen. Es gibt nur einen

Herrn: den gekreuzigten und auferstandenen Christus. Wenn Gott in dieser Weise «Herr» sein will, dann geht es auch um die Befreiung des Menschen, jedes Menschen.

Man kann dies auch anders sehen. In diesem Christus-Bekenntnis steckt doch ein Absolutheitsanspruch, der schnell einmal zur Intoleranz gegenüber anderen religiösen Wegen führt.

Weltweit gesehen ist der Absolutheitsanspruch religiöser und politischer Fundamentalisten eine der grössten Gefahren. Fanatismus und Fundamentalismus halte ich aber für unvereinbar mit der christlichen Botschaft. In Europa scheint mir allerdings die andere, gegenläufige Entwicklung ausgeprägter. Hier behauptet ein postmoderner Relativismus, es sei völlig gleichgültig, woran ein Mensch glaube und welche Überzeugungen er habe. Das sei seine Privatsache. Ich bin da dezidiert anderer Meinung: Es ist nicht alles gleich gültig und gleich richtig. Es kommt darauf an, woran ich glaube. Denn mein Glaube wirkt sich aus auf meine Lebensgestaltung, auf meine zwischenmenschlichen Beziehungen und auf mein Engagement in Beruf, Gesellschaft und Politik. Was den sogenannten Absolutheitsanspruch des Christentums betrifft, kann ich nur sehr persönlich reden. Es gehört zu meiner Überzeugung, zu meiner christlichen Identität, dass sich Gott in Jesus Christus in einzigartiger Weise offenbart. Damit spreche ich niemandem etwas ab, sondern ich teile das Bekenntnis und die Erfahrung der Christenheit aller Jahrhunderte. Und ich nehme mir die Freiheit, dieses Bekenntnis auch anderen weiterzusagen. Aber ich achte jede religiöse Überzeugung, solange sie nicht unmenschliche oder lebenszerstörerische Folgen hat.

Aber haben Bekenntnisse nicht immer etwas Autoritäres, Einengendes? Man verpflichtet die Menschen auf eine fixe Glaubensformel.

Ich glaube, viele von uns haben einen zu verengten Bekenntnisbegriff. Es geht nicht nur um geprägte Bekenntnistexte wie etwa das Apostolikum. Bekenntnischarakter haben alle Texte, die Erfahrungen des Glaubens festhalten und weitergeben. Jeder alttestamentliche Psalm, jedes Gleichnis Jesu, ja auch die argumentativen Texte eines Paulus haben Bekenntnischarakter. Und auch viele Kirchenlieder, zum Beispiel die poetischen und mystischen Lieder von Paul Gerhardt oder Gerhard Tersteegen, bringen Glaubenserfahrungen zur Sprache. Diese Sprache des Glaubens ist für uns wichtig. Unser Glaube darf nicht sprachlos sein.

Das Bekenntnis also als religiöse Artikulationshilfe?

Durchaus. Wenn jeder und jede von uns verpflichtet wäre, ein eigenes, stimmiges Bekenntnis zu erfinden, wären viele überfordert. Zudem müssten wir wohl täglich, ja stündlich unser Bekenntnis revidieren. Ich kenne es von mir selber. Manchmal möchte ich Glaube und Freude laut heraussingen. Ein andermal zernagen Zweifel und Traurigkeit in mir Zuversicht und Gottvertrauen. Gut, dass es da vorgegebene Texte des Glaubens gibt, sprachliche Häuser, in denen wir Geborgenheit finden.

Aber die reformierten Kirchen der Schweiz haben das Glaubensbekenntnis im 19. Jahrhundert doch nicht grundlos abgeschafft.

Es gab in der Kirchengeschichte auch einen problematischen, ideologischen Umgang mit den Bekenntnissen. Zu oft haben Bekenntnisse dazu gedient, andere auszugrenzen und zu verketzern, anstatt den Glauben positiv zur Sprache zu bringen. Darum hat der Liberalismus des 19. Jahrhunderts im Namen der Glaubens- und Gewissensfreiheit die Bekenntnisfreiheit durchgesetzt. In der Praxis ist die Bekenntnisfreiheit aber leider oft zur Bekenntnislosigkeit verkommen.

Haben Bekenntnisse manchmal nicht zu Recht auch ausschliessenden Charakter?

Doch. Mit dem Glauben ist es wie mit der Liebe. Aus einem Ja kann ein dezidiertes Nein folgen. Wenn Menschen im Hitlerdeutschland wirklich ihren christlichen Glauben bekannten, so folgte daraus klar und unzweideutig das Nein zur Vergötzung von Blut und Boden, Volk und Rasse.

Sollten die reformierten Kirchen der Schweiz wieder ein verbindliches Bekenntnis haben?

Ja. Aber auch aus ökumenischen Gründen käme nur eines der altchristlichen Bekenntnisse in Frage, am ehesten das Apostolikum. Ein solches Bekenntnis sollte nicht als Glaubensgesetz verstanden werden. Sein Ort ist der Gottesdienst, die Liturgie. Man könnte in der Gemeinde moderne Bekenntnisse dazu erarbeiten. So könnte neues Bekennen auf ein altes Bekenntnis bezogen werden.

Ich möchte nochmals auf die Heiligen zu sprechen kommen. Warum haben Protestanten ein so kühles Verhältnis zu den Heiligen?

Die evangelische Theologie bekam vom 17. Jahrhundert an einen stark rationalen Charakter. Theologische Rechthaberei verdrängte die Volksfrömmigkeit, die sich gerne an farbigen Gestalten und eindrücklichen Beispielen orientiert. Der barocke katholische Reliquienkult wirkte zudem abschreckend. Die protestantische Theologie des 19. Jahrhunderts gab sich dann entweder rationalistisch oder biblizistisch. Der Pietismus seinerseits gedachte zwar der Väter im Glauben und erzählte viel von ihren Glaubenserfahrungen. Nur: Wo blieben da die Mütter des Glaubens?

Vielleicht haben Protestanten eben auch eine tief sitzende Skepsis gegenüber jeglichem Personenkult.

Vielleicht. Aber gerade Protestanten scheinen davor nicht gefeit zu sein. Protestantische Gottesdienste sind doch viel personenbezogener als katholische. Bei den Reformierten kann man in der Zeitung nachlesen, wer die Predigt hält. Je nach Lieblingspfarrer geht man dann in die Kirche – oder eben nicht. Katholiken besuchen die Messe und wissen meistens nicht, wer sie halten wird. Wer betreibt da mehr Personenkult?

Es gab doch auch im Protestantismus aussergewöhnliche Menschen. Könnte man diese nicht auch heiligsprechen?

Heiligsprechen nicht, aber ihrer gedenken, ihr Leben und Wirken erzählen und sie so unter uns lebendig bleiben lassen. Die Reformatoren, der Liederdichter Paul Gerhardt, der Mystiker Gerhard Tersteegen, Dietrich Bonhoeffers «Widerstand und Ergebung», Albert Schweitzer mit seiner «Ehrfurcht vor dem Leben», seinem Engagement in Afrika und seinem Einsatz gegen den Atomkrieg, Martin Luther Kings Kampf und Sterben für die Gleichberechtigung der Schwarzen – all diese eindrücklichen Persönlichkeiten und ihr Wirken dürfen in unserer Kirche nicht in Vergessenheit geraten. Ebenso gilt es, vorbildlicher, engagierter Frauen zu gedenken, angefangen bei den Frauen der Reformatoren bis hin zu Gertrud Kurz, der mutigen «Mutter der Flüchtlinge» während des Zweiten Weltkrieges in der Schweiz. Es geht aber auch um die Begründerinnen der Diakonie im 19. Jahrhundert und die Vorkämpferinnen für die Gleichberechtigung der Frauen in Kirche und Gesellschaft.

Nur: Wer interessiert sich heute noch für historische Persönlichkeiten? Idole gibt es heute nur noch in der schillernden, schnelllebigen Popindustrie.

Vielleicht müssten wir von der Popkultur etwas lernen! Fernsehen und Kino haben doch darum Erfolg, weil sie Lebensthemen und Sehnsüchte der Menschen nicht abstrakt abhandeln, sondern farbig inszenieren, personifizieren und Geschichten daraus machen. Diese Kunst ist uns in der Kirche abhanden gekommen. Die alte Kultur des Erzählens, so scheint mir, ist in die Kinosäle abgewandert. Selbst die Geschichte von Martin Luther wird heute bildstark im Kino erzählt – und die Kirche nimmt davon eher verlegen und verschämt Kenntnis.

Wir müssten also die Kunst des Erzählens neu entdecken?

In unserer Kirche ist die Kultur des Erzählens leider mehr und mehr verloren gegangen. Früher hat man Kirchengeschichte erzählt und nicht zergliedert und zerredet. Mich haben begnadete Erzähler stets mehr interessiert als trockene Analytiker. Ich habe zum Beispiel noch heute vor Augen, wie eindrücklich und plastisch uns in der «Kinderlehre» ein tschechischer Vikar das Leben von Johannes Hus geschildert hat. Später, im Theologiestudium, habe ich Fritz Blanke erlebt. Er verstand es, uns Kirchengeschichte erzählerisch nahe zu bringen. Schon in der Mittelschulzeit habe ich Biografien geradezu verschlungen und mich so in Geschichte, Philosophie und Theologie eingelesen. Diese Leidenschaft für das Biografische hat mich bis heute nicht verlassen.

In Ihrer Predigt erwähnen Sie auch Walter Nigg.

Auf ihn bin ich schon früh gestossen. Walter Nigg verdanke ich viel, ja ich denke manchmal, dass seine Bücher mich vor theologischem Rationalismus bewahrt haben. Nigg hat das Leben der grossen Gestalten der Kirchengeschichte erzählt und dabei Historie und Legende ernst genommen. Auch das Irrationale, Unerklärliche liess er stehen. Der Gefahr des Psychologisierens entging er meistens. Dabei hat er sich nicht auf mittelalterliche Heilige beschränkt, sondern sich auch «Ketzern» und evangelischen Mystikern zugewendet. Ja, sogar Dichter und Maler hat er als «Heilige ohne Heiligenschein» und als «Maler des Ewigen» erfasst und beschrieben.

Hat nicht auch die historisch-kritische Methode dazu geführt, dass man nur noch zergliederte, statt die inneren Wahrheiten der biblischen Geschichten und der Heiligenlegenden zu erschliessen?

Die historisch-kritische Erforschung der Bibel und auch anderer historischer Dokumente ist etwas Wichtiges. Es ehrt den Protestantismus, dass er sein Grunddokument, die Bibel, der historisch-kritischen Forschung unterworfen hat. Dies hat dazu geführt, dass es wohl kein Buch auf der Welt gibt, über das man so gut Bescheid weiss wie über die Bibel. Man sollte diese Methode nicht verketzern. Sie fördert ein Verständnis der Bibel aus ihrem historischen Kontext und erinnert uns unüberhörbar daran, dass Gott menschlich zu uns spricht. Diese Methode könnte auch für andere Religionen hilfreich sein. Ich denke insbesondere an den Umgang der Muslime mit dem Koran.

Aber diese Art, an heilige Texte heranzugehen, hat doch auch ihre Schattenseite.

Man darf die historisch-kritische Methode nicht verabsolutieren und bei ihr stehen bleiben. Biblische und nachbiblische Texten wollen erzählt und nicht nur analysiert werden. Durch das Meditieren und Erzählen werden diese Texte lebendig und durchsichtig auf das Heute hin. In ihnen ist jenseits des Historischen und Faktischen eine Kraft, die uns packt und nicht mehr loslässt. Diese Aufgabe des Erzählens endet nie. Dies gilt in ähnlicher Weise auch von der profanen Geschichte. Jede Generation muss sich ihre Herkunft und Geschichte neu erzählen. Wir sind seit einiger Zeit daran, uns die Schweizer Geschichte der letzten siebzig Jahre neu zu erzählen – etwas wahrer und weniger ideologisch, wie wir hoffen.

Heilige waren oft Sonderlinge am Rande der Gesellschaft. Oft wurden sie als «heilige Narren» empfunden.

Das Heilige und die von ihm berührten Menschen – dies gehört nicht zur gängigen Norm. Die existenzielle Begegnung mit Gott hat etwas Ausserordentliches, Erschütterndes, Gefährliches. Das war bei den alttestamentlichen Propheten, Amos oder Jeremia etwa, nicht anders als bei Petrus, Augustinus, Luther oder Dostojewski. Die Begegnung mit Gott kann ein Leben in völlig andere Bahnen lenken oder es sogar auseinander brechen lassen. Das Heilige hat darum oft etwas Querständiges zur gutbürgerlichen Gesellschaft und kann beunruhigende Formen annehmen. Oft sind wir versucht, bei biblischen oder nachbiblischen Gestalten mit psychologischen Kategorien Querständiges zu integrieren und so zu verharmlosen.

Die Heiligsprechungen verfolgten doch oft einen ähnlichen Zweck. Das Subversive der Heiligen wurde dadurch domestiziert.

Ja, dies kann bei Franz von Assisi gut beobachtet werden. Als Mystiker und radikaler Bettelmönch stand er anfangs unter Ketzerverdacht. Aber dann wurde er von der Kirche geschickt integriert und sehr bald nach seinem Tod heiliggesprochen.

Heiligsprechungen können so auch Zähmungen sein. Sie dienen dann auch zu Propagandazwecken. Diesen Eindruck habe ich bei manchen Heiligsprechungen, die Papst Johannes Paul II. vorgenommen hat.

Reden wir also nicht von den Heiliggesprochenen. Reden wir von den Heiligen. Diese wirken oft fremd, als wären sie vom Himmel gefallen.

So stelle ich es mir eigentlich vor: Heilige fallen vom Himmel! Heilige sind wie Meteoriten. Mitten in irdischem Gestein findet sich Gestein, das zu einem anderen Himmelskörper gehört. Heilige sind für mich wie aus einer anderen Welt. Sie führen ein normales oder ein ausserordentliches Leben, das sich erfassen, erzählen, erklären lässt. Aber manches bleibt unerklärlich, fremd. Dies ist mir Zeichen dafür, dass uns durch sie etwas berührt, das von einem anderen Stern zu uns gekommen ist.

Die klassischen Heiligen kamen oft aus dem Mönchtum. Und im Mönchtum wird eben die Weltdistanz bewusst kultiviert.

Tatsächlich haben sich die Heiligen oft aus der Betriebsamkeit der Welt zurückgezogen. Heilige sind Menschen, die sich vertiefen, statt sich zu verbreiten. Der Heilige geht in die Tiefe und schafft damit Distanz zum alltäglichen Leben. Er ist dadurch oft eine Kontrastfigur, die fasziniert. Solche Menschen gibt es in allen Konfessionen und Religionen. Oft leben sie unerkannt mitten unter uns oder stehen vordergründig ausserhalb der Gesellschaft – und doch leben wir von ihrem Glauben, von ihrem Gebet, von ihrer Existenz.

Oft waren sie begehrte spirituelle, ja sogar politische Berater.

Heilige beschäftigen sich intensiv mit Gott, aber auch mit dem Menschsein. Sie wissen, nicht zuletzt aus eigener Erfahrung, um die menschlichen Triebkräfte und Mechanismen. Sie können Konflikte darum besser durchschauen als Menschen, die in ihre Weltgeschäfte verwickelt sind. Heilige haben den Blick für das Wesentliche.

Haben wir vielleicht diesen Blick für das Wesentliche verloren?

Oft scheint es mir so. Aber es gibt immer wieder Menschen, die die Vertiefung im Göttlichen und die Präsenz im Weltlichen in sich vereinen. Die religiöse Verankerung verbindet sich dann mit Sachverstand, Vision und Durchsetzungskraft. Ich denke da – in weiter Perspektive – etwa an Persönlichkeiten wie Mahatma Gandhi, Martin Luther King, Aung San Suu Kyi, Dag Hammarskjöld oder Nelson Mandela. Bei solchen Menschen spürt man eine Dimension, die über alle Grenzen von Rassen, Klassen, Religionen und Ideologien hinausweist und uns an unser gemeinsames Menschsein vor Gott erinnert. Aber eigentlich sollte man keine Namen nennen. Im Neuen Testament wird die ganze christliche Gemeinde als Heilige angeredet. Wir suchen das Heilige zu oft im Aussergewöhnlichen oder im moralisch Vollkommenen. Aber Heilige sind Menschen, die von Gott ergriffen sind. Was gibt es da Schöneres und Spannenderes, als diese Heiligkeit an uns und unseren Mitmenschen zu entdekken, uns und andere als von Gott Ergriffene zu erkennen?

Nicht müde werden
sondern dem Wunder
leise
wie einem Vogel
die Hand hinhalten.

Hilde Domin

Huldrych Zwingli – Reformator zwischen Bibel und Schwert

Ist Gott für uns, wer mag wider uns sein? Er, der seines eige-
nen Sohnes nicht verschont, sondern ihn für uns alle dahinge-
geben hat, wie sollte er uns mit ihm nicht auch alles schenken?
Römer 8, 31 u. 32

Liebe Gemeinde
«Gott schenkt alles» – das ist die Grunderfahrung christlichen
Glaubens. «Gott schenkt alles», Gott füllt leere Hände, «Gott
ist für uns» – hier sind wir in der Mitte evangelischer Gotteserfahrung, in der Mitte dessen, was die Reformatoren umtrieb,
was sie überwältigte und ihnen Mut und Kraft gab, gegen so
manches aufzustehen, was durch jahrhundertealte Tradition
geheiligt und gefestigt schien. Sola gratia – allein durch die
Gnade –, so wurde es neu entdeckt und zur Geltung gebracht
von Menschen, die das nicht nur theoretisch erkannt, sondern
durchlebt und durchlitten und als persönliche Befreiung erfahren hatten.

Gott ist für uns, Gott ist auf unserer Seite, wie eine moderne Bibelübersetzung verfänglich übersetzt – das könnte
auch zur gefährlichen Ideologie werden, zur Ideologie, in deren Namen Kriege geführt wurden und werden. Gott ist auf
unserer Seite, dieser Ideologie ist auch das reformierte Zürich
manchmal erlegen. Etwas davon zeigt sich im Bildprogramm
des vor dreihundert Jahren, 1698, eingeweihten Rathauses.
Man legte in diesem ein geradezu überwältigendes Sendungs-
bewusstsein an den Tag und stellte Zürich als «neues Jerusalem» dar, ja, als Stadt Gottes, als Bollwerk der Gottesfurcht,
umbrandet vom Meer des Unglaubens und des Aberglaubens.
Ähnliches ist schon im merkwürdig widerspruchsvollen Verhalten des Reformators Huldrych Zwingli in der turbulenten
Zeit vor der vernichtenden Niederlage in Kappel zu erkennen.
Der Reformator fand dort mit Hunderten von Zürchern den
Tod am 11. Oktober 1531; morgen werden es also 468 Jahre
seither sein.

Zwingli hatte sich in seiner ersten Zürcher Zeit – geprägt
auch von humanistischem und pazifistischem Gedankengut –
vehement gegen das Söldnerwesen und seine verheerenden sozialen und menschlichen Folgen eingesetzt. Aber schon einige

Jahre vor dem Kappeler Krieg hatte sich der Grossmünsterpfarrer auch als Militärstratege betätigt. Offen hat er zum Krieg für die Interessen der Zürcher Stadtrepublik und die Freiheit des Evangeliums aufgerufen. Fast klingt das unselige «Für Gott und Vaterland!» an – eine Devise, mit der bis ins 20. Jahrhundert in Europa Kriege geführt wurden. Und in die Schlacht von Kappel zog der Reformator durchaus nicht nur als Feldprediger. Er greift selber in den Kampf ein. Fortiter, tapfer, habe er gekämpft und wurde auch verletzt. Sterbend habe er sich an ein Wort des Evangeliums gehalten, das bereits in der Legende von Felix und Regula anklingt: «Was tut's! Den Leib können sie töten, nicht aber die Seele» (nach Matthäus 10, 28).

Zwingli erscheint uns da merkwürdig schillernd zwischen Reformator und Staatsmann, zwischen Soldat und Märtyrer. Wir sind an die Worte Conrad Ferdinand Meyers in «Huttens letzte Tage» erinnert: «Ich bin kein ausgeklügelt Buch, ich bin ein Mensch mit seinem Widerspruch.» Das 19. Jahrhundert hat diese Spannung, diesen tiefen Widerspruch im Leben und Wirken Zwinglis nicht mehr beachtet. Man sah in ihm vor allem den Kämpfer. Nach dem Sonderbundskrieg, 1847, wurden die in der Schlacht von Kappel von den Luzernern erbeuteten Waffen Zwinglis den siegreichen Zürchern zurückgegeben. Und die Zürcher stellten schon bald ihren Reformator vor der Wasserkirche im vaterländischen Denkmal mit Schwert und Bibel dar. In einem Entwurf des Denkmals hält Zwingli sogar nur das Schwert, nicht das symbolische Schwert des Geistes, wie der Apostel Paulus, sondern das Schwert des Vaterlandskämpfers im Sinne des liberalen Aufbruchs. Der Theologe und Reformator verschwand hinter dem Vaterlandsverteidiger, wie das 19. Jahrhundert ihn sah.

Diesen Sommer wurden im Rahmen der Kulturaktion «Transit» Denkmäler markanter Zürcher Persönlichkeiten demontiert, in der Stadt herumgeführt und andernorts wieder aufgestellt. So stieg auch Zwingli vom Sockel und sah sich einigermassen verwundert das pulsierende Stadtleben in verschiedenen Quartieren an. Nun ist er an seinen angestammten Platz vor der Wasserkirche zurückgekehrt. Ich muss zugeben, ich halte nicht eben viel von solchen Aktionen. Aber vielleicht ist es doch gut, wenn Denkmäler wanken, ohne gleich zu stürzen. So werden sie nicht mehr verabsolutiert, sondern als Ausdruck einer bestimmten historischen Epoche verstanden.

Das Denkmal des Mannes mit dem Schwert zeigt nicht den ganzen Zwingli. Es weist zwar auf eine tapfere, sympathische Seite hin, verdeutlicht aber auch die ganze Problematik der Vermengung von Religion und Staatsraison. Das theologische Profil des Reformators wird so fast zugedeckt. Reformatorische Existenz, und so auch der persönliche Glaube Huldrych Zwinglis, orientiert sich nicht an einem ideologischen «Gott ist auf unserer Seite», sondern erweist sich in der befreienden Erfahrung: «Ist Gott für uns, wer mag wider uns sein.» Zwingli erkannte das Befreiende des Evangeliums: Gott ist ein schenkender, ein menschenfreundlicher Gott; ein Gott, der uns Menschen als Werkzeug für seine Liebe und Gerechtigkeit brauchen will. Darum betonten die Reformatoren: Das Heil wird uns geschenkt. Anerkennung, Lebensrecht und Lebensfreude sind nicht erst zu verdienen, sondern werden durch das Evangelium «gratis», aus Gnade, geschenkt.

Das Heil kommt «gratis», allein aus Gnade – das mögen sich die verkrampften Weltverbesserer aller Couleurs gesagt sein lassen. Wir müssen weder uns noch andere retten und dabei «Herrgöttlis spielen», geschehe dies nun auf die fromme oder auf die soziale Tour. Sagen wir es mit der Sprache der Reformation: Der Glaube macht selig, nicht die Werke. Der Glaube aber kann nicht ohne «Werke» sein. Zwingli sagt: «Wo aber kein christenlich Werck harfürgat, ist gwüss, dass der Gloub daselbst nit ist.» Wer im Glauben «Gott für uns» erfährt, der setzt sich auch für seine Mitmenschen ein. Wer weiss, dass Gott für uns Menschen da ist, weiss um die Verpflichtung, für die Mitmenschen da zu sein; nicht einfach für den Staat, nicht einmal für die Kirche und auch nicht für die «heiligsten Werte», sondern für den konkreten Menschen. Glauben und mitmenschliche Tat sind nicht dasselbe, aber sie sind nicht voneinander zu trennen. Das hat uns die Reformation gelehrt. «Darum sind die Glaubenspraktiker erleuchteter als die Glaubensspekulierer», hält uns deshalb ausgerechnet

Martin Luther vor Augen. Es gibt, wie Dietrich Bonhoeffer es betont, keine «billige Gnade», es gibt nur tätige Gnade!

Dass sich diese «tätige Gnade» nicht nur im persönlichen Leben, sondern auch im sozialen Bereich auswirkt, das war ein Hauptanliegen Zwinglis. Es ist sicher eine Verkürzung, wenn behauptet wird, Luther sei es um das Heil der Seele, Zwingli aber um das Wohl der Welt gegangen. Das eine kann ja nicht ohne das andere sein. Aber das ist richtig: Zwingli hat den Einsatz für das Wohl der Welt besonders betont. Dabei macht er sich keinerlei Illusionen, weder über den Menschen noch über die Welt. Vom Menschen gilt: «An der göttlichen Grechtigkeit sind wir all Schelmen.» Das biblisch-feierliche «Wir sind allzumal Sünder» ruft Zwingli uns in recht drastischen Worten in die Ohren: «Und so wir glych vor der Welt fromm schynend, sind wir dennocht Gotsschelmen.» Die Welt aber, in der wir «Gotsschelmen» den Ton angeben, sieht entsprechend aus: Sie ist geprägt von menschlichem Eigennutz und Machtstreben. «Wir wellend nit andrer Menschen sin, sunder dass alle Ding unser sygind», «denn das Gott uns fry gibt, machend wir eigen». Alles, auch unsere menschlichen Gerechtigkeitsnormen, ist geprägt durch unseren Eigennutz, der alles an sich reissen will. Darum ist menschliche Gerechtigkeit stets «arm, prästhafft und lam», eine unvollkommene, unzulängliche Gerechtigkeit.

Aber aus dem allem folgt für Zwingli gerade nicht, dass man sein Seelengärtlein pflegen und die Welt sich selber oder gar dem Teufel überlassen soll unter der scheinheiligen Begründung, in der Wirtschaft könne man sich nicht an das Evangelium halten und mit der Bergpredigt lasse sich kein Staat machen; nur im persönlichen Leben und allenfalls in der Kirche könne man sich an das Evangelium halten. Nein, nicht nur Menschenherzen, sondern auch die Verhältnisse dieser Welt sollen nach Zwingli dem Willen Gottes «glychförmig» sein. Wir sollen auch in Wirtschaft und Politik nicht einfach drauflosfuhrwerken, sondern immer wieder nach Gottes Willen fragen. Wir sollen all unser Tun und Lassen an der «Schnuor Christi» messen, an der Verkündigung Jesu, besonders auch an seiner Bergpredigt.

Zwingli ermahnt uns, aus dem Evangelium Konsequenzen für unser persönliches Leben zu ziehen, aber auch unsere Verantwortung in Politik und Wirtschaft nicht zu vergessen. Paulus fasst das Evangelium mit den Worten zusammen: «Gott ist für uns.» Ja, sagt Zwingli, aber nun gilt es, auch für Gott da zu sein. Und das heisst konkret, im Namen des menschenfreundlichen Gottes für Menschlichkeit und Menschenwürde einzustehen.

Solch christliches Handeln ist freilich nicht vor der Gefahr gefeit, dass es irrt. Das einzig richtige Tun, die einzig richtige Politik gibt es zwar in allerhand Ideologien, auch christlichen, aber nicht da, wo Menschen sich mühen, diese Welt der «Schnuor Christi» «glych-förmig» zu machen. Hier können und werden Menschen irren. Hier geht es um eine dauernde Verpflichtung, alles, auch sich selber, an der «Schnuor Christi», am Evangelium, zu messen.

Nochmals sind wir daran erinnert: Auch Zwingli hat Fehler gemacht, nicht nur politische. Die Zürcher Reformation weist Härten auf, die so meines Erachtens nicht sinnvoll waren. Die Einfachheit des Wortgottesdienstes, die Feier des Abendmahles mit Holzbechern statt mit goldenen Messkelchen – all das ist eindrucksvoll. Und es ist verständlich, dass sich die Reformation gegen einen übertriebenen Bilderkult wandte. Aber dass da fanatisch gegen jedes Altarbild vorgegangen wurde, dass kunstvolle Kelche, wertvolle Reliquiare, herrliche Kunst, die Generationen von Menschen geschaffen haben, zu Münzgeld verarbeitet wurde, das kann einen das Frieren lehren; ein Frieren, welches man bis heute nicht ganz verliert in altreformierten Kirchen und Gottesdiensten. Zum Glück wurde schon im Reformationsjahrhundert der Kirchengesang eingeführt, und zweihundert Jahre später kehrten die in der Reformationszeit geächteten Orgeln in die Zürcher Kirchen zurück. Und Kerzen werden mittlerweile auch im Fraumünster nicht mehr als «katholischer Ballast» abgelehnt.

Huldrych Zwingli darf und muss man relativieren und kritisieren. Weder seine theologischen, kirchlichen noch politischen Entscheide sind sakrosankt. Reformierte halten ohnehin wenig von Personenkult. Die Lutheraner nennen sich nach ihrem Reformator. Reformierte sind nicht Zwinglianer oder Calvinisten, sonder bezeichnen ihre Kirche als reformiert, erneuert. Dennoch ist Zwingli ernst zu nehmen. Seine Mahnung, dass sich der Glaube im Alltag zu bewähren hat, ist zu beherzigen. Zwingli sagt es poetisch so: «Du bist ein Werchzüg und Geschirre Gottes. Er wil dich also bruchen und verschlyssen, wil dich nit lasen müessiggan und verrosten. O wie glücksälig bist du, den Gott zuo synem Werckzüg also berüefft und brucht.»

Wir sind Gottes Werkzeuge, wie Zwingli sagt, seine Instrumente. Das ist kein frommer Krampf, kein unchristlicher Aktivismus, sondern Auszeichnung, fröhliche Umsetzung des paulinischen «Ist Gott für uns, wer mag wider uns sein?». Gott schenkt sich uns in Jesus Christus, darum darf ich mich ihm schenken, indem ich mich meinem Mitmenschen schenke. In diesem «Werkzeugglauben», der sich auch in wirtschaftlicher und politischer Verantwortung auswirkt, liegt die bleibende Bedeutung des Reformators.

Diese kraftvolle, selbstgewisse, lebensfrohe und zugleich in Gott verwurzelte Seite an Person und Werk Huldrych Zwinglis ist Ermutigung zum Christsein. Zwingli hat sich in diesem gläubigen Selbstbewusstsein nicht überschätzt. Es gibt auch einen zurückhaltenden, einen feinen, einen im guten Sinn unsicheren Zwingli, der an sich und seinen Kräften zweifelt und darum alles von Gott erwartet. Der selbstsichere Mann mit dem Schwert vor der Wasserkirche zeigt nicht den ganzen Zwingli. Das Wort über der Reformationstüre am Grossmünster weist auf eine andere Dimension hin. Es ist ein Wort Christi, das Zwinglis biblisches Leitwort war. In der Zürcher Bibel von 1531 lautet es so: «Kommend här zuo mir alle, die arbeytend und beladen sind, ich wil euch Ruow geben» (Matthäus 11, 28).

Kraftvolles, in Gott gegründetes Selbstbewusstsein, Glaubenszuversicht und das Wissen, dass wir auch scheitern können, dass wir angewiesen sind auf Christus, der uns als die «Mühseligen und Beladenen» zu sich ruft – das gehört für Zwingli zusammen. Dies ermutigt uns, auch in den Spannungen und Anforderungen des Lebens aufrecht zu bleiben, uns manches zuzutrauen, uns aber auch unserer Grenzen bewusst zu sein; zu wissen, dass wir mit jedem Atemzug aus Gottes Liebe und Geduld leben, leben aus Christus, der uns zu sich ruft mit den zärtlichen Worten: Kommet zu mir, alle.

Das Zwinglidenkmal, das nun wieder vor der Wasserkirche steht, mit Schwert und Buch und entschlossenem Blick, darf also durchaus in Frage gestellt werden. Zwingli selber soll nicht als Heiligenfigur verehrt werden, schon gar nicht in einem Bild, das ihn auf das Kriegerisch-Kämpferische reduziert. Huldrych Zwingli ist kein Denkmal, sondern Wegweiser zu den Quellen unserer Existenz, zum Evangelium, zu Christus. Dies ist kein harmloser Seelentrost, sondern Auftrag, unsere Welt im Sinne Christi zu gestalten. Kühn, ja revolutionär legt Zwingli Christus in den Mund: «Ich bin nicht nur gekommen, die Welt zu erlösen, sondern sie auch zu ändern. Wer also an mich glaubt, wird sich auch nach meinem Beispiel umgestalten.»

Predigt im Fraumünster, Sonntag, 10. Oktober 1999
11. Oktober 1531; Todestag des Reformators

Gottes Werkzeug und Instrument sein

Vor der Zürcher Wasserkirche steht das Denkmal: Zwingli, eine Monumentalgestalt, der typische Hut auf dem Kopf und in den Händen Bibel und Schwert. Ein problematisches Denkmal?

Dieses Denkmal ist ein typisches Produkt des 19. Jahrhunderts. Nach dem Sonderbundskrieg, der Auseinandersetzung zwischen den liberalen, meist reformierten, und den katholisch-konservativen Kantonen, wurde Zwingli zum Vaterlandshelden emporstilisiert. Zwingli wurde zur Leitfigur des politischen und auch des theologischen Liberalismus. Das Zeitalter des Nationalismus und der Schützenfeste verherrlichte den bei Kappel kämpfenden Zwingli und idealisierte den Tod auf dem Schlachtfeld als höchste Vollendung des Mannes.

Aber der historische Zwingli war doch von seinem Temperament her ein Stürmer und Dränger, ja sogar ein Haudegen?

So wurde er jedenfalls oft empfunden, von Freund und Feind. Kurze zwölf Jahre hat er in Zürich gewirkt, und dies hat das religiöse und politische Profil der Schweiz bis heute mitgeprägt. Zwingli war knapp achtundvierzig Jahre alt, als er in Kappel ums Leben kam. Sein Lebenswerk war damals weder vollendet noch gesichert. Erst sein Nachfolger Heinrich Bullinger hat mit seiner hohen theologischen Kompetenz, seinem weiten Horizont und seiner ausgleichenden Art in vierundvierzig Amtsjahren die Zürcher Reformation konsolidiert.

Zwingli war sowohl Kirchenkritiker als auch Gesellschaftskritiker.

Zwingli war nicht in erster Linie Kritiker. Er hat seine Tätigkeit am 1. Januar 1519 im Zürcher Grossmünster mit der fortlaufenden Auslegung des Matthäusevangeliums begonnen. Am Anfang der Reformation steht nicht die Kirchenkritik, sondern die Wiederentdeckung der biblischen Tradition als Fundament von Kirche, Theologie und auch Gesellschaft.

Seine Devise hiess also «Zurück zu den Quellen»?

Zwingli war überzeugt, dass die Kirche immer wieder Mass zu nehmen habe an der «Gschrifft», an der Bibel. Diese war ihm so wichtig, dass er als Leutpriester im Kloster Einsiedeln die Paulusbriefe wortwörtlich abschrieb, obwohl sie ihm ja auch gedruckt vorlagen. Zwingli hat auch das Alte Testament, das er in hebräischer Sprache las, hoch geschätzt, besonders die prophetischen Bücher.

War Zwingli demnach Biblizist, einer, der die Bibel wortwörtlich als Gottes Wort verstand?

Die Devise «ad fontes, zurück zu den Quellen» entsprach dem humanistischen Denken der Renaissance. Zwingli ist der Humanist unter den Reformatoren. Er hat sich intensiv mit der griechischen Antike auseinander gesetzt. Er erwartete sogar, die Geistesgrössen des Griechentums, nicht zuletzt auch Herkules, dereinst im Himmel anzutreffen. Die Konzentration Zwinglis auf das Christuszeugnis des Neuen Testamentes hatte also nichts Biblizistisches. Sein theologisches Denken war offen und weit. Dies scheint mir auch heute in unserer multikulturellen Situation wichtig zu sein: Reformierte Identität und ökumenische, ja interreligiöse Offenheit und Dialogbereitschaft sind in gleicher Weise von uns gefordert. Verwurzelt sein in der eigenen Tradition und Respekt vor der Überzeugung anderer schliessen sich nicht aus, sondern gehören zusammen. Wer ein tragendes Fundament hat, ist wohl am ehesten gefeit vor dem Fundamentalismus.

War Zwingli manchmal auch ein Zweifler?

In seinen jungen Priesterjahren begann Zwingli als theologisch und auch politisch heller Kopf an Grundgegebenheiten von Kirche und Gesellschaft seiner Zeit zu zweifeln. Die Reliquienverehrung, das beinahe magische Sakramentsverständnis, die dominierende Stellung des Papsttums, die Verpflichtung der Priester zur Ehelosigkeit – all das wurde für Zwingli fragwürdig. Aber auch politische Selbstverständlichkeiten wie den Kriegsdienst um Geld, der zu Leid und Elend führte, hielt er für unhaltbar.

Zwinglis Schlussfolgerung war, dass die Kirche seiner Zeit sich vom Evangelium entfernt, ja die Sache Jesu verraten habe?

So dachten alle Reformatoren. Sie wollten aber keine neue Kirche gründen. Wie andere Reformbewegungen des Spätmittelalters versuchten sie, die katholische Kirche von innen heraus zu reformieren. Die Reformatoren wurden zu Kirchengründern wider Willen, weil sich die katholische Kirche evangelischen Reformanliegen verschloss. Bei allem Bedauern über die erfolgten konfessionellen Trennungen – der Protest gegen einen kirchlichen Machtapparat, der für sich die Weitergabe und Verwaltung des Heils beansprucht, ist bis heute ein reformiertes Grundanliegen. Dies gilt aller institutionalisierten Christlichkeit gegenüber.

Zwingli war auch ein Kritiker der herrschenden politischen Verhältnisse.

Zwingli hat insbesondere das damalige Söldnerwesen, die sogenannte Reisläuferei, bekämpft. Damit hat er einflussreiche Leute des Stadtstaates Zürich vor den Kopf gestossen. Diese haben durch Geldzahlungen des Papstes und der Fürsten in besonderer Weise am Reisläuferunwesen verdient. Damit hat Zwingli um der Sache willen das taktisch Falsche gemacht: Der Reformator hat dadurch Mächtige gegen sich aufgebracht. Ich wünsche mir für uns Heutige manchmal etwas mehr von diesem Mut Zwinglis. Auch in einer volkskirchlichen Situation gilt es, aus evangelischer Überzeugung für Menschenrecht und Menschenwürde einzutreten und nicht stets auf mögliche Kirchenaustritte zu schielen. Ich bedaure Kirchenaustritte dort, wo sie mit Schwächen und mangelnder Kommunikation unserer Kirche zusammenhängen. Es gibt aber auch Kirchenaustritte, die die Landeskirche ehren: da, wo Menschen mit fremdenfeindlichen, ja rassistischen Argumenten der Kirche den Rücken zukehren.

Wie argumentierte Zwingli gegen die Reisläuferei?

Er tat dies zunächst einmal als humanistischer Pazifist: Es war für ihn undenkbar, um des Geldes willen in einem fremden Heer Kriegsdienst zu leisten und andere zu töten. Als Feldprediger in Norditalien hat Zwingli hautnah erlebt, welches Leid und welche verheerenden sozialen und wirtschaftlichen Schäden das Reislaufen mit sich brachte. Viele Söldner wurden getötet, und ihre Familien wurden mittellos. Andere kamen verletzt und behindert nach Hause und stürzten so ihre Familien ins Elend. Andere kamen wohlhabend zurück, aber moralisch verkommen und verroht. An diesen ganzen Elend verdienten ein paar wenige, die Soldherren, viel Geld. Zwingli empfand dies als Skandal, besonders weil auch geistliche Würdenträger, ja selbst der Papst, Söldner rekrutieren liessen, um zu Macht und Reichtum zu kommen. Die ökonomischen Interessen von ein paar Mächtigen zerstörten Leben und verhinderten den Wohlstand ganzer Gesellschaften. Auch in dieser Hinsicht ist Zwingli ein hochaktueller Denker und Mahner. Auch wir leben in einer Welt, in der die Armut vieler oftmals mit dem Reichtum von wenigen zusammenhängt.

Paradoxerweise ist Zwingli dann selber in den Krieg gezogen. Der Krieg für den «rechten Glauben» war für ihn offenbar kein Problem?

Wie andere Humanisten beurteilte er den «Krieg fürs Vaterland» anders als das Kriegshandwerk in fremden Diensten. Den Krieg gegen die Innerschweizer verstand Zwingli nicht als Glaubenskrieg. Er bekämpfte sie nicht als «Ungläubige», sondern meinte, mit Gewalt reformatorische Aktivitäten auch in der Innerschweiz erzwingen zu müssen. Es fällt auf, dass Zwingli ab 1530 von einer zunehmenden Hektik erfasst wurde. Träume von politischen Allianzen zur Ausweitung der Reformation schienen ihn stärker zu bewegen als das Vertrauen in die Wirksamkeit des göttlichen Wortes, das seine Theologie so stark prägt. Es zeigt sich darin eine Tragik, die bei politischen und religiösen Reformern oft zu beobachten ist – die Sorge um die Sicherung des eigenen Werkes verdrängt das Vertrauen in die Wirksamkeit der guten Sache.

Wirtschaftlich befand man sich in einer diffusen Über-
gangszeit. Die Gesellschaft war noch feudalistisch ge-
prägt. Andererseits gab es in den Städten frühkapitalisti-
sche Formen mit Handwerk, Handel und Geldwirtschaft.
Hat Zwingli zu ökonomischen Fragen Stellung genom-
men?

In Bezug auf die wirtschaftlichen Verhältnisse dachte Zwingli
differenziert. Einerseits hat er Monopole abgelehnt und die
«Eigenkäufer» hart kritisiert. Diese haben nämlich die Ernten
zu niedrigen Preisen aufgekauft, gehortet und anschliessend
mit grossem Gewinn verkauft. Andererseits hatte Zwingli Verständnis für die aufkommende Geldwirtschaft. Im Gegensatz
zur katholischen Tradition lehnte er das Zinswesen nicht
grundsätzlich ab, nahm aber gegen den Wucher Stellung. Einen Zinssatz von fünf Prozent hielt er für angemessen. In allen
Überlegungen war es ihm ein Anliegen, dass neue Wirtschafts-
formen nicht auf Kosten der Schwächsten gehen.

Wollte Zwingli nicht auch den Wohlstand in Stadt und
Land fördern?

Er war überzeugt, dass eine Stadt nur leben konnte, wenn das
Handwerk florierte. Darum hat er die Reisläuferei nicht nur
theologisch kritisiert, sondern auch auf ihren wirtschaftlichen
Schaden hingewiesen. Er hatte ein positives Verhältnis zu
Bauernstand, Handwerk und Handel. Vor allem aber prägte er
eine protestantische Arbeitsethik, die in Stadt und Land zu
mehr Wohlstand führte.

Bestandteil dieser Arbeitsethik war das Verbot der Bette-
lei. Wer essen will, soll auch arbeiten?

Immerhin eine gut biblische Aussage: «Wenn jemand nicht arbeiten will, soll er auch nicht essen» (2. Thessalonicherbrief 3,
10). Die Reformation hat Arbeit im Gegensatz zur Antike und
zu mediterran geprägten Gesellschaften positiv gewertet. Sie
sah in der Arbeit ein Stück Selbstverwirklichung, ein Tun in
Analogie zum Schöpfer. Das Verbot des Bettelns betraf Menschen, die für ihren Lebensunterhalt selber sorgen konnten.

Für Kranke und Arme hingegen wurde die Fürsorge durch die Zürcher Almosenordnung von 1525 in vorbildlicher Weise ausgebaut. So gab es zum Beispiel den «Mushafen» – die Armen erhielten jeden Morgen vor der Predigerkirche eine unentgeltliche Mahlzeit. Für mich ist dies ein Bild für die diakonische Verantwortung, die zentral zur reformierten Kirche gehört. Im alten Zürich wurden auch Glaubensflüchtlinge aus dem Tessin, Italien, England und Frankreich aufgenommen. Im 19. Jahrhundert hat der Pietismus erneut die soziale Verantwortung betont und diakonische Werke und evangelische Schulen gegründet. Und auf die durch den Zweiten Weltkrieg verursachte Not in Europa haben die Schweizer Kirchen mit der Gründung des Heks, des Hilfswerks der evangelischen Kirchen der Schweiz, reagiert.

Aber die Fürsorge machte man doch damals zu einer Aufgabe des Staates?

Den Staat im modernen Sinn gab es noch nicht. In der Zürcher Reformation wurde die mittelalterliche Vision vom Corpus Christianum, der einen christlichen Gemeinschaft, aufgenommen und modifiziert. In ihr sind Kirche und Obrigkeit gemeinsam für das Heil und das Wohl der Menschen verantwortlich, allerdings in unterschiedlichen Funktionen und Verantwortungen. Im Bereich der Fürsorge war nun auch der Rat von Zürich in Pflicht genommen. Was die gesetzgeberische und ökonomische Verantwortung anging, war die christliche Obrigkeit für die drei traditionellen Aufgaben der alten kirchlichen Stiftungen und Klöster verantwortlich: Gottesdienst, Bildung und Armenpflege. Zu diesem Zweck verwaltete sie das Kirchengut treuhänderisch für die reformierte Kirche. Diese wiederum hatte von der Obrigkeit das Mandat, das Evangelium zu verkünden, den Armen zu helfen und sich für die Bildung des Volkes einzusetzen.

Zwingli sprach aber von einem «Wächteramt der Kirche» der Obrigkeit gegenüber. Was bedeutete dies?

Für Zwingli war das Amt der Verkündigung das «Wächteramt». Der Pfarrer war für ihn «Hirt» und «Wächter». Als solcher hatte er auch Staat und Gesellschaft gegenüber Kritik zu üben, nicht willkürlich, sondern am Evangelium orientiert. Zwingli hat sich in dieser Weise als kritischer Begleiter von Obrigkeit und Gesellschaft verstanden. Auch sein Nachfolger Heinrich Bullinger hat dieses «Wächteramt» zurückhaltend, aber gewissenhaft und klar wahrgenommen. Das «Wächteramt» wurde aber von beiden Reformatoren der ganzen Kirche übertragen und sollte in erster Linie durch die öffentliche und wo nötig kritische Predigt ausgeübt werden.

Die Aufgabe der Kirche lag also nicht darin, selber zu politisieren?

Vom Grundsatz her wies er der Kirche eine andere Rolle zu. Dennoch politisierte Zwingli öfters auch recht unverfroren von seiner Grossmünsterkanzel herab und redete der Obrigkeit ins Gewissen, besonders im Vorfeld des Zweiten Kappeler Krieges. Der Reformator war sich aber bewusst: Predigen ist nicht politische Agitation, sondern Verkündigung des Evangeliums. Zwingli ging davon aus, dass diese Verkündigung eine direkte Wirkung hat. Er war überzeugt, dass Gott in der Predigt des Evangeliums unmittelbar als Kraft, als Dynamis, wirksam ist, als Kraft, die den Menschen und die ganze Gesellschaft verändert. Darum konnte Heinrich Bullinger später lapidar festhalten: «Die Predigt des Wortes Gottes ist Gottes Wort.»

Wie stark war diese Überzeugung bei Zwingli mit seinem Verständnis des Heiligen Geistes verbunden?

Zwingli ist unter den Reformatoren derjenige, der das Wirken des Heiligen Geistes am stärksten betonte. Luther warf ihm das auch vor, weil der Zürcher Reformator Gottes Geist auch ausserhalb des Bibelwortes und des Sakramentes am Werk sah. Persönlich sehe ich es so: Gottes Geist wirkt durch die Verkündigung des Evangeliums. Und er wirkt durch das «sichtbare Wort», durch Taufe und Abendmahl. Aber der Heilige Geist bleibt frei, wirkt, wo er will, innerhalb und ausserhalb der Christenheit. Oft genug ist er nicht nur durch uns, sondern trotz uns am Werk.

Dennoch betont Zwingli immer wieder die Bedeutung der Bibel, des geschriebenen Wortes.

Schon vor der Reformation hat das «Buch der Bücher» eine grosse Bedeutung gehabt, insbesondere in den Klöstern. Die Erfindung des Buchdrucks hat allerdings zu einer neuen Situation geführt. Nun wurden die Bibel und theologische Abhandlungen erschwinglich und allgemein zugänglich. Dies gilt auch für die von den Humanisten erarbeiteten Bibelausgaben im hebräischen und lateinischen Urtext. Diese Entwicklung war eine wichtige Voraussetzung für die Reformation.

Mit der Reformation kam dann die Bibel endlich in deutscher Sprache heraus.

Zwingli war es ein grosses Anliegen, dass nicht nur die Gelehrten die Bibel lesen konnten. Darum arbeitete er zusammen mit anderen Theologen an der Übersetzung der Bibel in die deutsche Sprache. Im Herbst 1531, dem Todesjahr des Reformators, wurde die Zürcher Bibelübersetzung abgeschlossen. Mich hat dies immer wieder beeindruckt und ermutigt: Der Reformator starb, als die Bibelübersetzung vollendet war. Dies zeigt uns, Gottes Wort bleibt auch da, wo Menschen an ihr Ende kommen. Die Zürcher Bibel wurde im Laufe der Jahrhunderte anhand des Urtextes und der Sprache der jeweiligen Zeit immer wieder neu bearbeitet. Es ist ein schönes, symbolisches Zusammentreffen: Kurz nach dem Bullinger-Gedenkjahr wird die neue Zürcher Bibel erscheinen.

Die Betonung des Wortes – das war die Stärke der Zürcher Reformation. War es aber nicht zugleich auch ihre Schwäche?

Das Religiöse wurde damals tatsächlich stark an das schriftliche und gesprochene Wort gebunden. Gerade durch diese Einseitigkeit war die Reformation eine dynamische, erfolgreiche Bewegung. Musik und Bild als künstlerischer Ausdruck des Religiösen wurden zurückgedrängt. Dies führte zu einer Verarmung. Zudem erstarrte die Theologie im 17. und 18. Jahrhundert. In diesem Zeitalter der «reformierten Rechtgläubigkeit» wurden über Gottes Wort unendlich viele Worte gemacht. Die Herzen der Menschen hat man damit nicht erreicht.

Die Reformation war wohl eine «Kulturrevolution», die das Lebensgefühl der Menschen entscheidend verändert hat.

Man kann sich die Umwälzung nicht gross genug vorstellen: keine Messe mehr, keine priesterlichen Gewänder, kein Altargesang, keine Orgelmusik, keine Bilder, keine Prozessionen…

… und keine Heiligenfeste mehr, keine Fastnacht, keine Fastenzeiten.

Alles Anschauliche und Sinnenhafte wurde zurückgedrängt. Allein das gesprochene Wort dominierte. Mich friert es, wenn ich daran denke. Im reformierten Gottesdienst wurde nur noch geredet: eine lange Predigt, einige Gebete, das gemeinsame Unservater und eine Zeitlang wenigstens noch das «Ave Maria». Gesungen wurde nicht, auch nicht musiziert. Zum Glück gingen einige Gemeinden schon um 1550 zum ge-meinsamen Psalmengesang über. 1598 wurde dieser in der ganzen Zürcher Kirche verbindlich eingeführt. Der vierstimmige Psalmengesang hat den zürcherischen Gottesdienst in der Folge über Jahrhunderte auf eindrückliche Weise geprägt.

Aber im Gottesdienst gab es damals noch immer keine Instrumente?

Das Gotteslob erklang nur durch die menschliche Stimme, so wie es bis heute in der orthodoxen Kirche oder etwa auch bei den Mennoniten geschieht. Erst im 17. und 18. Jahrhundert kam mancherorts instrumentale Begleitung dazu. Und das 19. Jahrhundert brachte die Wiedereinführung der Orgel. In den letzten fünfzig Jahren wurden auch liturgische Elemente aus lutherischer, katholischer und orthodoxer Tradition aufgenommen. Die Zürcher Kirche hat die Musik als eine dem Wort gleichwertige Form der Verkündigung wiederentdeckt.

Die Zürcher Reformation hatte ja damals nicht nur ein Problem mit der Musik, sondern auch mit den Bildern.

Altäre, Kruzifixe, Statuen und Heiligenbilder wurden beseitigt. Von einem eigentlichen Bildersturm kann dennoch nicht die Rede sein. Die Zürcher Reformation wandte sich gegen das kultisch verehrte Bild. Dieses stand im Verdacht, Gott einfangen zu wollen, Gott zum Götzen zu machen. Das illustrative Bild hingegen wurde nicht abgelehnt. Dies zeigt die Zürcher Bibel von 1531. Sie ist voll von bildlichen Darstellungen, welche den Text erklären und interpretieren. Reformierte Tradition ist demnach nicht grundsätzlich bilderfeindlich. Dennoch gibt es in ihr meines Erachtens bis heute eine zu grosse Zurückhaltung religiöser Kunst gegenüber.

Die Reformation war geprägt von einem puritanischen Geist der Verbote...

Die Zürcher Obrigkeit hat im 16. und im 17. Jahrhundert Sittenmandate erlassen, die aus heutiger Sicht tatsächlich unverständlich sind. Da wurde fast alles verboten, was den Menschen Freude machte. Man fügte jeweils noch bei, alles Neue und Modische, alles Festliche und Ausgelassene sei ohnehin des Teufels. Gewiss stand hinter diesen Merkwürdigkeiten eine Sorge, die uns Heutigen in anderer Weise aufgetragen ist: die Frage, inwieweit sich unser Lebensstil mit der biblischen Botschaft vereinbaren lässt. Trotzdem ist der Rigorismus des damaligen Protestantismus befremdlich.

In Ihrer Predigt beschreiben Sie Zwinglis sogenannten Werkzeugglauben. Der Christ, sagt Zwingli, solle sich als Werkzeug Gottes verstehen. Ist dies nicht eine problematische, ja überhebliche Vorstellung?

Bei Zwingli hat diese Vorstellung nichts mit Überheblichkeit zu tun. Als der Reformator an der Pest erkrankte und seinen baldigen Tod erwartete, schrieb er in seinem eindrücklichen Pest-Lied: «Din haf bin ich, mach gantz ald brich. Dein Gefäss bin ich, Gott, mach es ganz oder zerbrich es.» Diese demütige Hingabe an den Willen Gottes erinnert an die mittelalterliche mystische Tradition. Aber nicht nur die passive Hingabe, sondern auch das aktive Tun soll von dieser Grundhaltung bestimmt sein. Mit all unseren Kräften und Begabungen dürfen wir nach Zwingli Gottes Werkzeuge und Instrumente sein. Dabei war sich Zwingli menschlicher Grenzen und Unvollkommenheiten bewusst. Aber er glaubte daran, dass Gott auch auf krummen Zeilen gerade schreibt.

Verstehen Sie sich in Ihrem Amt auch als «Werchzüg Gottes»?

Instrument Gottes sein – das ist ein grosses, ein zu grosses Wort. Aber es wäre schön, wenn ich die eine oder andere Spur des Segens hinterlassen könnte. Aber von solchen Dingen ist nur leise und behutsam zu reden. Je älter ich werde, desto deutlicher wird mir, wie wenig unser kirchliches und persönliches Tun die Welt verändert. Vieles bleibt ungetan. Aber Gottes «Instrumente» sind wir vielleicht oft, ohne es zu wissen und zu sehen.

Zwingli hat sich intensiv mit der Frage der Gerechtigkeit beschäftig und dabei die «göttliche Gerechtigkeit» von der «menschlichen Gerechtigkeit» unterschieden.

Zwingli ging es nicht nur um die persönliche Frömmigkeit, sondern auch um gerechtere gesellschaftliche Verhältnisse. Auch in dieser Hinsicht ist Zwingli ein moderner Denker. Er geht davon aus, dass Gott im umfassenden Sinne Gerechtigkeit, Liebe und Güte ist. Diese göttliche Gerechtigkeit lässt sich auf Erden aber nicht verwirklichen. Dennoch ruft Zwingli dazu auf, die menschliche Gerechtigkeit an der göttlichen zu messen und sie ihr schrittweise anzugleichen. Die Alternative heisst also nicht Revolution oder Resignation. Nach Zwingli geht es vielmehr darum, nach der Norm des Evangeliums ständig an einer gerechteren Gesellschaft zu bauen.

Hätte Zwingli an den heutigen Sozialwerken Freude gehabt?

Sicher. Aber er hätte auch darauf hingewiesen, dass man sich nie auf erworbenen Lorbeeren ausruhen darf. Und er würde uns Heutige wohl fragen: Wie kommt es, dass es in eurem reichen Land noch immer Hunderttausende von Armen gibt? Wie begegnet ihr den fremden Menschen mitten unter euch? Und warum wird weltweit an Kriegen und am Elend noch immer Geld verdient – wie damals beim Söldnerwesen? Zwingli hat damals die christliche Obrigkeit in Pflicht genommen. In unserem demokratischen Rechtsstaat sind wir alle dafür mitverantwortlich. Jede Generation hat sich diesen Fragen neu zu stellen und in eigener Verantwortung entsprechend zu handeln.

Müsste die Kirche darum zu solchen Fragen nicht deutlicher Stellung nehmen?

Die Kirchenordung verpflichtet unsere Landeskirche dazu, «für eine Ordnung von Staat, Gesellschaft und Wirtschaft einzutreten, die sich aus christlichem Glauben verantworten lässt». Die entscheidende Frage ist, in welcher Art sie dies tut. Persönlich meine ich, dass die Kirche primär Werte zu vermitteln und Grundhaltungen zu prägen hat. Sie hat sich einzusetzen für Mitmenschlichkeit und Solidarität, Freiheit und Verantwortung, Menschenrecht und Menschenwürde. Als Institution hat sie keine Tagespolitik und keine Parteipolitik zu betreiben. Und auch mit Abstimmungsempfehlungen sollte die Kirche zurückhaltend umgehen. Vielmehr sollte sie Christinnen und Christen ermutigen, sich aus christlicher Verantwortung heraus in den verschiedenen Parteien, Gruppierungen und Bewegungen für eine gerechtere Gesellschaft einzusetzen.

Dieses Spannungsfeld zwischen Kirche und Politik hat schon in der Reformationszeit viel zu reden gegeben...

Ja, der Zürcher Rat wollte sicher sein, dass sich ein allfälliger Nachfolger von Huldrych Zwingli aus jeder politischen Entscheidung heraushalte. Man wollte keine politisierenden Pfarrer mehr auf den Kanzeln. Heinrich Bullinger konnte dem nur im Grundsatz zustimmen. Er hielt fest, dass evangelische Verkündigung auch eine politische Dimension habe und zu Widerspruch und Auseinandersetzung führen müsse. Daher teilte er dem Rat vor seiner Wahl mit, dass Gottes Wort «ouch sinen Unfriden und sin Rühe (Rauheit)» habe. Bullinger war nur bereit, eine Wahl anzunehmen, wenn der Rat dieser Dimension der Auseinandersetzung und des harten Widerspruchs durch das Evangelium zustimmen würde. Der Rat versprach ihm

schliesslich «alt und nüw Testaments göttlichs Wort und Geschrifft fry, unverbunden und unbedinget zu lassen». Der 27-
jährige Heinrich Bullinger setzte sich damit klar für die Freiheit der Verkündigung des Evangeliums mit all seinen ethi-
schen und politischen Konsequenzen ein. Er erwies sich dadurch als ein würdiger Nachfolger Huldrych Zwinglis.

> ... und das die kirch ein haus, weingarten und
> reych Gottes / item ein leyb / schaffstal / brut / und
> gespons Christi / ein muoter und jungfraw seye.
>
> *Heinrich Bullinger*

Kommentatorinnen und
Kommentatoren Gottes sein

«Dies ist Gott, unser Gott immer und ewig; er wird uns leiten.»

Psalm 48,15 (Neue Zürcher Bibel)

Psalm 48, 15 stand als alttestamentliches Wort nach dem Losungsbüchlein der Herrnhuter Brüdergemeine über dem 31. Oktober 1999. Die Ordinandinnen und Ordinanden haben dieses Wort als Predigttext gewünscht.

Liebe festliche Gemeinde,
liebe Ordinandinnen und Ordinanden
«Lieber Gott als seine Kommentatoren», so sagt es der Schriftsteller und Friedensnobelpreisträger Elie Wiesel in einem Text über Hiob und seine leidigen Tröster. Die theologisch und philosophisch gebildeten Verteidiger Gottes können Hiob in seinem Leid und seinem Leiden nicht aufrichten, nicht trösten. Hiob wendet sich an Gott, wendet sich gegen Gott und hält dennoch an Gott fest. Und dann legt Eli Wiesel Hiob das Wort in den Mund: «Lieber Gott als seine Kommentatoren.» Die Verteidiger, die Kommentatoren Gottes, die mehr zu wissen vorgeben, als ein Mensch wissen kann, sie sind Hiob lästig.

Aber genau damit haben wir heute zu tun, mit Kommentatorinnen und Kommentatoren Gottes. Sollen wir nun achselzuckend das «vernütigen», was ihr, liebe Ordinandinnen und Ordinanden, in Theorie und Praxis in eurer Ausbildung gelernt habt? Sollen wir pathetisch ausrufen, wir wollten es lieber mit Gott selbst halten als mit euch, mit seinen Kommentatorinnen und Kommentatoren? Wir könnten dann noch den saloppen Spruch nachschieben: «Mit dem lieben Gott wäre schon auszukommen, wenn nur das leidige Bodenpersonal nicht wäre.»

Nun, das ist wahr, Gottes Kommentatorinnen und Kommentatoren sein – das ist ein schwieriges, ein gefährliches, ein unmögliches und doch ein notwendiges Unterfangen! Sicher, Hiob gegenüber muss und darf Gott nicht kommentiert werden. Wo ein Mensch mitten in Dunkel und Leid an Gott festhält, da sollen auch Theologinnen und Theologen schweigen oder sehr, sehr leise sprechen – mitfühlend, dankbar und staunend, dass es solches gibt. Aber, liebe Ordinandinnen und Ordinanden, lasst euch das Reden, das Reden von Gott, nicht verbieten. Lasst es euch wie dem Paulus gesagt sein: «Rede, und schweige nicht!» (Apostelgeschichte 18, 9). Der Rede, nicht dem Gerede, sollt ihr verpflichtet sein, der Rede von Gott auf dem Hintergrund jüdisch-christlicher, biblischer Glaubenserfahrung.

Menschen basteln sich heute dem Zeitgeist entsprechend ihren Gott nach eigenem Gusto. Eine Kommunikationsfirma klebt ein Kruzifix an die Plakatsäule; es hat den Leib einer hinduistischen Göttin, den Kopf einer Buddhafigur, Fussballerfüsse und Christushände. Da sollte doch eigentlich ein klares Wort gesprochen werden, kein überhebliches und kein unbarmherziges Wort, aber ein klares, ein theologisches Wort, ein Wort in Respekt vor christlicher und ausserchristlicher Gotteserfahrung. An euch ist es, klärende Worte zu sprechen mitten ins Stimmengewirr postmoderner «Bricolage-Religiosität».

Ihr werdet deswegen keine «leidigen Kommentatorinnen und Kommentatoren Gottes». Ihr werdet euer Wort nicht mit Gottes Wort verwechseln und meinen, Ihr seiet es, die da der Welt zu sagen hätten, «wo Gott hockt». Aber wer soll denn in Kirche und Gesellschaft sagen, was evangelischer Glaube, was christliches Leben ist, wenn nicht ihr, die «Dienerinnen und Diener am göttlichen Wort»! Dazu werdet ihr heute durch eure Kirche ordiniert, damit beauftragt: auf Christus hinzuweisen, zu Glauben, Gottvertrauen und christlichem Leben anzustiften in dieser Zeit und Welt!

Zu diesem Auftrag gehört beides: Selbstbewusstsein und Bescheidenheit. Provozierend steht es in einem eurer Praktikumsberichte: «Die Kirche steht und fällt mit den Personen, die sie repräsentieren.» Ihr habt recht. Ihr seid das Gesicht, die Hände und die Füsse unserer Kirche, freilich dies alles – vergesst das nicht – zusammen mit den professionellen, ehrenamtlichen und freiwilligen Mitarbeiterinnen und Mitarbeitern. Dennoch: Eure Glaubwürdigkeit wird als Glaubwürdigkeit der Kirche, eure Menschlichkeit als Menschlichkeit der Kirche, eure Kompetenz als Kompetenz der Kirche erfahren.

Selbstbewusst dürft Ihr es wissen: Durch euch kommt die Kirche zu den Menschen. Ihr habt darum Anrecht auf Förderung in eurem Dienst. Universität und Kirche haben euch eine theoretische und praktische Ausbildung gegeben. Und die Kirche gibt euch und verlangt von euch eine qualifizierte Weiterbildung. Es gehört darum auch zu dieser Wertschätzung, dass Landeskirche und Kirchgemeinden von euch Leistungen verlangen, die eurem verantwortungsvollen Beruf entsprechen. Förderung und Forderung gehören hier, wie immer, zusammen. Wenn es um diesen Respekt vor eurem Beruf und eurer Aufgabe geht, ist Bescheidenheit fehl am Platz.

Nur wenn die Kirche wirklich mit uns Pfarrerinnen und Pfarrern stehen oder fallen würde, sie wäre längst gefallen. Selbstbewusst hat es ein Pfarrer der Konfirmandenklasse ins Heft diktiert: «Die Pfarrer sind die rechtmässigen Nachfolger der Apostel.» Zu lesen bekam er allerdings: «Die Pfarrer sind die recht mässigen Nachfolger der Apostel.» Ja, schon die Apostel waren, wie die Evangelien berichten, ihrerseits nur mässige Nachfolger Christi!

Bescheidenheit ist also vonnöten in unserem Beruf, in welchem es um das Evangelium, um die Nachfolge Christi geht. Bescheidenheit ist hier die Zwillingsschwester des Selbstbewusstseins. Die Erfahrung, dass ihr in einem unmöglichen Beruf steht – von Gott reden müssen, obwohl Menschen von Gott nicht reden können –, das darf euch nie dazu führen, über euch oder euren Beruf gering zu denken und zu reden. In kirchlichen Kreisen wird oft resigniert, ironisch oder gar zynisch von Kirche und Pfarramt gesprochen und salopp aufgezählt, was in «diesem Laden» alles schief laufe. Entmutigendes, ja Abgründiges wird weitergegeben. Dabei wird übersehen, wieviel die Menschen unserer Zeit von der Kirche und von Pfarrerinnen und Pfarrern erwarten. Umfragen zeigen, wie hoch das Vertrauen zu Kirche und Pfarramt noch immer ist, auch wenn berechtigte Kritik angebracht wird. Solches Vorschussvertrauen, solch hohe Erwartungen sollen euch ermutigen, selbstbewusst und bescheiden zu werden. Ob die Kirche nun wegen oder trotz uns Pfarrerinnen und Pfarrern noch da ist, sei dahingestellt. Aber sie ist noch da. Das ist ein Wunder Gottes. Ihr dürft dem lieben Gott behilflich sein, dass er dieses Wunder auch in Zukunft vollbringen kann!

«Zurück zu den Wurzeln», sagt jemand von euch im Praktikumsbericht und weist auf die Ermutigung hin, die ihr durch die Begegnung mit Christen aus der Dritten Welt und aus Osteuropa erfahren habt. Unverkrampfter als bei uns sei da von Gott, von Christus und dem Evangelium die Rede gewesen. Man habe eine Begeisterung gespürt, die euch erstaunt und ermutigt habe. Ja, lasst euch begeistern. Das Evangelium kommt lebendig und farbig zurück aus der Dritten Welt ins christlich verstaubte Europa. Darum auch unsererseits: Zurück zu den Wurzeln! Wer soll von Gott reden wenn nicht die Pfarrerin und der Pfarrer? Wenn auch diese vom Wetter reden, so hält man sich lieber direkt an die vom einschlägigen Modekonzern gesponserte Meteo-Sendung!

«Wozu ist die Kirche gut?», fragte die Zürcher Regierungspräsidentin vor einigen Wochen bei der Eröffnung der neuen Legislatur der Kirchensynode im Grossmünster. Und sie gab die Antwort anhand eines Zitates aus dem Buch eines amerikanischen Religionssoziologen. Die Kirche ist dazu da, «damit das Gerücht von Gott nicht verloren geht» (Peter L. Berger). Ja, dazu seid ihr da, dazu seid ihr ausgebildet, dafür werdet ihr bezahlt mit kirchlichem und staatlichem Geld, dafür, dass zumindest das Gerücht von Gott in dieser Welt nicht verloren geht.

Sagen wir es mit dem Wort, welches über dem heutigen Tag steht: «Dies ist Gott, unser Gott immer und ewig; er wird uns leiten.» Nicht um uns geht es, nicht um unsere Gescheitheit und Bildung, nicht einmal um unsere Echtheit und Glaubwürdigkeit. In der Kirche geht es um Christus, es geht um Gott. Auf ihn gilt es hinzuweisen: «Dies ist unser Gott!» «Er wird uns leiten.» Leiten – das hebräische Wort weist auf den Hirten, der der Herde vorangeht. Seiner Spur folgt sie. Gott geht euch voran. Seine Spur dürft ihr suchen und ihr folgen. Gottes Spur im menschlichen Leben, in Kirche und Welt erkennen und deuten – das ist eure vornehme Aufgabe.

Das hat mir als Bub in den Indianerbüchern am meisten Eindruck gemacht: Die Indianer konnten Spuren lesen. Ein Weisser ging vorüber, sah nur einen zerbrochenen Ast. Aber der Indianer konnte Spuren entdecken, Spuren von Freunden oder Feinden, konnte Spuren erkennen, Spuren deuten. Das dürft auch ihr sein: Spurensucherinnen und Spurensucher Gottes für die Menschen unserer Zeit.

Max Bolliger, der begnadete Erzähler biblischer Geschichten, schildert in seiner poetischen Art die Geschichte eines gehbehinderten Hirten. Dieser wendet sich ab vom Licht von Weihnachten, macht sich nicht auf zum Stall von Bethlehem. Endlich besinnt er sich anders, sucht und findet den Stall. Aber er kommt zu spät: keine Engel, keine Maria, keine Könige, kein Jesuskind. Nur der leere Stall. Aber da entdeckt er im Heu die Kuhle, den Abdruck, die kleine Vertiefung, wo das Christuskind gelegen hat. Und dies, die Spur des Jesuskindes, von anderen als Abdruck eines Tieres oder Gegenstandes gedeutet, diese Christusspur macht den Hirten gesund an Leib und Seele. Von dieser Christusspur erzählt er anderen, wie wenn er alle Engel des Himmels hätte singen hören.

Ja, ihr sollt als Pfarrerinnen und Pfarrer die Menschen auf die Christusspur hinweisen. Diesen Spuren dürft ihr im Buch des Gotteswortes wie auch im Buch des Lebens nachspüren. Sie gilt es zu erkennen und zu kommentieren. Dadurch ermutigt ihr Menschen, eigene Glaubenserfahrungen zu machen und diese mit anderen zu teilen.

«Kein Pfarrer kann heute sein Amt allein ausrichten», so hat es Dietrich Bonhoeffer im «Deutschen Kirchenkampf» festgehalten. Dies gilt auch heute für Spurenleserinnen und Spurendeuter Gottes. Nicht als Privatgelehrte im stillen Kämmerlein existiert ihr, so wichtig das eigene Studium und das persönliche Meditieren und Gebet für euch ist. Miteinander und füreinander gilt es, Gottes Spuren zu suchen, zu erkennen, zu deuten, mitten im Heu und Stroh unseres Lebens und unserer Zeit. Ohne überheblichen Eifer, aber freudig und begeisternd, selbstbewusst dürft ihr es euch gesagt sein lassen und anderen weitersagen: «Dies ist unser Gott, unser Gott immer und ewig; er wird uns leiten.» Amen

Predigt in der Kirche Horgen,
Sonntag, 31. Oktober 1999
Ordinationsgottesdienst

Von der Spur Gottes erzählen

Sie bezeichnen in Ihrer Ordinationspredigt die angehenden Pfarrerinnen und Pfarrer als Kommentatorinnen und Kommentatoren Gottes und betonen, dies sei «ein schwieriges, ein gefährliches, ein unmögliches und doch ein notwendiges Unterfangen». Warum ist es ein schwieriges Unterfangen?

Ich nehme eigentlich ein negativ gemeintes Diktum von Elie Wiesel auf, er halte sich lieber an Gott als an seine Kommentatoren. Damit ist das Problematische alles «Kommentierens Gottes» angesprochen. Dennoch ermutige ich die Ordinandinnen und Ordinanden, «Kommentatoren Gottes» zu sein, nicht besserwisserisch, sondern zurückhaltend, feinfühlig und gewissenhaft. Pfarrerinnen und Pfarrer müssen berufsmässig von Gott reden. Und das ist tatsächlich ein schwieriges Unterfangen. Die Propheten, Amos und Jeremia etwa, mussten von Gott reden. Aber dies war ein inneres Müssen. Sie waren von Gott Überwältigte, die reden mussten, auch wenn sie damit Leib und Leben riskierten. Aber das von Gott-reden-Müssen der Pfarrerinnen und Pfarrer ist zudem ein äusseres, berufsmässiges. Sie sind dafür ausgebildet, von Gott zu reden. Sie müssen oft von Gott reden, weil es die Menschen erwarten oder weil es die Situation erfordert, sei es im Gottesdienst, im Unterricht oder bei einer Abdankung.

Sie gehen in Ihrer Predigt noch einen Schritt weiter und sagen, dass es nicht nur schwierig, sondern unmöglich sei, von Gott zu reden.

Menschen sollen von Gott reden. Aber Menschen können nicht von Gott reden, weil sie Menschen sind. Man kann von Gott nicht reden, als kenne man ihn oder habe ihn gar erkannt. Gott ist ein Geheimnis, das alles menschliche Glauben und Denken übersteigt. All unsere menschlichen Worte über ihn sind höchstens Hinweise, sind Wegweiser hin auf das Unsagbare. Hämisch wird oft gesagt: Ja, die Pfarrer seien wie Wegweiser, sie wiesen den Weg, gingen ihn aber nicht. Aber hier ist keine Häme am Platz. Existenziell ist der Pfarrer und die Pfarrerin am gleichen Ort wie jeder andere Christ. Es gilt, aufgrund der biblischen Tradition von Gott zu reden, obwohl Menschen eigentlich nicht von Gott reden können.

In der katholischen und in der orthodoxen Kirche wird das «Geheimnis Gottes» sehr betont. Die reformierte Theologie hingegen betont das «Wort Gottes». Wird da Gott nicht oft zerredet?

Man kann Gott zerreden; die Kirche des Wortes darf darum nicht zu einer «Kirche der Wörter» werden. Aber auch Riten und Mysterien können sich vor Gott stellen, wenn sie vorgeben, Gott gleichsam einfangen zu können. «Geheimnis des Glaubens» – dieses Wort bei der katholischen Eucharistiefeier ist Mahnung an beide Kirchen, an die «Kirche des Sakramentes» und an die «Kirche des Wortes». Gott kann weder durch Riten noch durch Worte erfasst oder gar eingefangen werden. Aber man kann gerade auch mit Worten angemessen umgehen mit dem «Geheimnis des Glaubens». Es ist wie mit der Liebe: Das Geheimnis wird nicht ausgeplaudert, aber es bewegt, beflügelt, lässt die rechten Worte finden, weil man von ihm nicht schweigen kann. Wer also als Pfarrer von Gott reden muss, etwa an einem Krankenbett oder an einer Trauerfeier, wird durch sein inneres Anteilnehmen auch zu erkennen geben, dass er nicht über Gott redet wie über dies oder jenes. Er weist hin auf ein Geheimnis, welches auch in Ausweglosigkeit trägt und tröstet.

Gott an sich ist also für uns Menschen nicht zu erkennen?

Martin Luther unterscheidet den «Deus revelatus, Gott, der sich in Jesus Christus offenbart» vom «Deus absconditus, dem verborgenen Gott». Diesen können wir nicht erkennen. Er ist für uns unauslotbar. Aber an Jesus Christus, an die in ihm erschienene Liebe Gottes dürfen wir uns halten. Eduard Schweizer sagt in einem schönen Wort, Jesus Christus sei das «Gleichnis Gottes». An dieses Gleichnis halten wir uns als Christen.

Ist der Satz aus Ihrer Ordinationspredigt auf diesem Hintergrund zu verstehen: Nicht der Mund, sondern das innere und äussere Ohr ist das erste Werkzeug des Theologen, der Theologin?

Ja, und zwar im doppelten Sinn. Es ist dem Pfarrer und der Pfarrerin im Besonderen aufgetragen, auf die Bibel zu hören und auf alle, die aus ihr gelebt und sie durch die Jahrhunderte hindurch interpretiert haben. Zugleich sollen Theologinnen und Theologen in die Zeit hinein hören, auf Menschen und auf ihre Nöte horchen und wache Zeitgenossen sein. Im Bild könnte man sagen, Voraussetzung für die Verkündigung ist das Verständnis der Bibel, die Lektüre der Tageszeitung und die Seelsorge, das Hören auf die Menschen. Der Weg führt also immer vom Hören hin zum Reden.

Pfarrerinnen und Pfarrer haben in ihrem Beruf ja sehr verschiedene Rollen wahrzunehmen. Sie haben diejenige des Kommentators angesprochen. Ich möchte auf andere hinweisen. Ist der Pfarrer auch Lehrer?

Die Gemeinde soll und darf wissen, dass der Pfarrer, die Pfarrerin die christliche Tradition durch ihr Universitätsstudium besonders gut kennen. Sie sind daher Anwälte der christlichen Tradition in der Gesellschaft und auch in der Kirche. Theologen sollen dazu stehen, dass sie Lehrer des Glaubens sind. Lehrer sein heisst aber nicht Einwegkommunikation. Die Menschen möchten nicht von oben herab belehrt werden, sondern über den christlichen Glauben in das existenzielle Gespräch einbezogen werden. Glauben ist auch ein Lernprozess.

Soll der Pfarrer auch Missionar sein, Werber für das Evangelium?

Wer die Mission, den Auftrag hat, das Evangelium weiterzutragen, der wird dies auch tun, nicht plakativ oder billig, aber deutlich. Meines Erachtens ist dabei das Zeugnis des Lebens oft wichtiger als das Zeugnis der Worte. Zürcher Pfarrerinnen und Pfarrer versprechen darum bei ihrer Ordination, das Evangelium mit ihrem Leben zu bezeugen. Persönliche Glaubwürdigkeit ist die beste «Werbung». In einer Zeit, in welcher jeder Manager von seiner «mission» spricht, könnten auch Pfarrerinnen und Pfarrer sich wieder unverkrampfter als «Missionare» verstehen lernen.

Ist der Pfarrer auch Beichtvater?

In der Seelsorge geht es auch darum, dass Menschen von Schuld frei werden. Leider haben die Schweizer Reformatoren – im Gegensatz zur lutherischen Reformation – den Brauch der Einzelbeichte abgeschafft. Ich meine, unsere Kirche hätte durchaus darüber nachzudenken, ob in besonderen seelsorgerlichen Situationen ein Ritus hilfreich wäre, der den Menschen hilft, wieder nach vorne zu schauen. Die Beichte ist in der katholischen Kirche mit dem Ritus der Lossprechung verbunden. Ein Mensch soll wissen: Jetzt darf ich mich im Namen Gottes von meiner Schuld trennen. Jetzt liegt die Schuld hinter mir – und vor mir liegt das offene, weite Feld der Gnade. Mit oder ohne Ritus, dies gehört zentral zur Seelsorge.

Von wegen katholischer Tradition: Der Papst nennt sich Pontifex, Brückenbauer. Sollen Pfarrer auch «Brückenbauer» sein?

Der Ehrentitel Pontifex wurde aus dem römisch-heidnischen Kult übernommen und als «Brückenbauer» interpretiert. Eigentlich ein schönes Bild für jeden geistlichen Dienst. Versöhnung, Frieden zwischen Gott und den Menschen und darum unter den Menschen – das ist ein Grundauftrag des Evangeliums. Pfarrerinnen und Pfarrer dürfen in diesem Sinne Brückenbauer sein. Allerdings nicht in einer Harmoniesucht und einem vorschnellem Übertünchen von Gegensätzen. Pfarrer müssen im Namen des Evangeliums auch Konflikte riskieren, in Kirche und Gesellschaft. Paulus hat dem Petrus ins Angesicht widerstanden. Spannungen und Konflikte gehören zum Leben und zur christlichen Gemeinde. Die Paulusbriefe zeigen, wie spannungsvoll es schon in den ersten christlichen Gemeinden zuging. Entscheidend ist, wie man mit solchen Konflikten umgeht: in Offenheit, Menschlichkeit und Respekt vor dem Andersglaubenden und Andersdenkenden.

In anderen Kirchen nennt man den Pfarrer Pastor, also Hirte.

Das ist gut reformiert. Zwinglis Schrift über die Aufgaben des Pfarrers heisst «Der Hirt». Der Pfarrer als «Hirt» wird zwar als ältliches Bild empfunden. Gemeindeglieder wollen ja nicht «tumbe Schafe» sein. Aber der seelsorgerliche, hütende und behütende Aspekt der Arbeit des Pfarrers, der Pfarrerin ist auch heute wichtig. Zwingli assoziiert allerdings unter dem Begriff «Hirt» nicht nur das Schützende, sondern auch das Leitende, das sich auf Glaubwürdigkeit und Mut abstützt. Auch dies ist ein Teil pfarramtlicher Arbeit.

Böse Zungen sagen, dass in den Predigten reformierter Pfarrer das Moralische dominiere. Der Pfarrer – ein Moralapostel?

Ethik und Moral gehören auch zur christlichen Verkündigung. Auf der Kanzel sollen darum ethische und sozialethische, auch politische Fragen angesprochen werden. Wenn es um Fragen der Menschenwürde und der Menschenrechte geht, gilt es, Partei zu ergreifen. Vielleicht hat aber die Kirche in den letzten dreissig, vierzig Jahren diese prophetisch-kritische Dimension manchmal zu plakativ wahrgenommen. Diese Ethisierung des Christentums lässt sich manchmal sogar in kirchenamtlichen Verlautbarungen erkennen. Alles ruft heute nach Werten, und die Kirche verkauft sich oft als Wertefabrik. Werte sind wichtig, gerade auch im Evangelium verwurzelte Werte. Aber das Evangelium darf nicht zum Gewissensappell verkommen. Es darf nicht nur als Einspruch gegen bürgerliche Sattheit und Selbstgerechtigkeit verstanden werden. Zur Verkündigung und so zur Pfarrexistenz gehört auch das Priesterliche und Symbolische, Zuspruch und Trost.

Im Begriff «Priester» schwingt das Seelsorgerliche noch stärker mit als beim Titel «Pfarrer».

Ja. Aber das Priesterliche gehört nicht nur zur katholischen Tradition, es gehört auch zum reformierten Pfarramt, in der Seelsorge, aber auch im Gottesdienst. Viele Menschen suchen

im Gottesdienst nicht primär die intellektuelle Auseinandersetzung mit der biblischen Botschaft. Sie möchten von der Predigt
«etwas nach Hause mitnehmen». Im Gottesdienst wird zwar
auch Anregung zum Nachdenken gesucht. Aber Menschen
brauchen Zuspruch und Ermutigung. Menschen suchen eine
emotionale Gegenerfahrung zu ihrem oft profanen Alltag. Sie
suchen Worte, Gesten und Symbole, die ihr Herz berühren und
sie mit Gott verbinden.

*Der katholische Priester hebt sich stark von den Laien
ab. Er ist geweihter Kleriker, lebt zölibatär, trägt spezielle
Kleider, zelebriert ihm vorbehaltene Rituale.*

In der katholischen Tradition hat der Priester einen besonderen Status. Dadurch wird zwischen dem Priester und den Gläubigen Distanz geschaffen, ja es gibt eine theologisch fragwür-
dige Zweiklassengesellschaft. Aber man kann dies auch anders
betrachten. Vielleicht gelingt es dem Priester gerade durch sein
Anderssein, durch seinen besonderen Status, die Menschen auf
die «andere Dimension des Lebens», auf die Welt des Heiligen
und Göttlichen zu verweisen. Der Priester wirkt so stärker als
Repräsentant einer anderen Welt als ein Pfarrer, der seine
menschliche Normalität betont. Dennoch wird auch der reformierte Pfarrer oft als «etwas Besonderes» empfunden. Solange
dies Ausdruck für das Besondere seines Auftrages ist, lohnt es
sich nicht, dagegen anzukämpfen. Pfarrersein ist eben ein
besonderer Beruf, eigentlich ein «vormodernen Beruf». Hier
lassen sich Arbeitszeit und Freizeit nicht klar voneinander
abgrenzen. Das Pfarramt ist mit unterschiedlichsten Aufgaben
und Funktionen verbunden: Dieselbe Person schlägt sich mit
pubertierenden Konfirmanden herum und steht am Grab eines
Familienvaters. Und immer geht es um die Frage nach dem
Sinn des Lebens, um die Frage nach Gott. Dies macht das Besondere dieses Berufes aus. Dies ist seine Last, zugleich aber
auch das Spannende und Beglückende dieses Berufes, der zutiefst immer Berufung ist.

*Ist diese Aufgabe, gleichsam als der grosse Sinndeuter
aufzutreten, nicht etwas überheblich?*

Es kam in der Kirchengeschichte immer wieder vor, dass die Theologie vorgab, auf jede Frage eine Antwort zu wissen. So haben Theologen unter dem Vorwand des Dienens geistige und gesellschaftliche Macht ausgeübt. Das darf nicht sein. Spurenleser sind nicht umfassende Sinndeuter, sondern eben: Spurenleser, Menschen, die die Frage nach Gott offen halten und wissen, dass es auf letzte Fragen keine letzten Antworten gibt. Dennoch rate ich zu einem dezidierten Selbstbewusstsein des Pfarrers als Fachmann auf theologischem Gebiet. Dies wird von den Gemeinden und ihren Behörden respektiert. Nur sollte man es der Pfarrerin und dem Pfarrer anspüren: Dem Wort Gottes gegenüber bleiben sie immer die Kleineren, die Verbi Divini Ministri, die Diener und Dienerinnen, die Kleineren, nicht die Magistri, die Meister, die Alleskönner.

War es früher einfacher Pfarrer, Pfarrerin zu sein? Heute steht die Kirche ja nicht mehr unangefochten in der Mitte des Dorfes.

Da stand sie auch vor fünfzig oder hundert Jahren nicht. Pfarrersein war nie einfach. Aber in früheren Zeiten verschaffte die gesellschaftliche Bedeutung der Institution Kirche dem Pfarrer ein hohes Sozialprestige. Das hat die pfarramtliche Tätigkeit geprägt und in vielem erleichtert. Auch wenn ein Pfarrer seine Schwächen hatte, galt er als Autoritätsperson. Sein Amt hat ihn getragen. Wenn ein Pfarrer von der Kanzel verkündete «So ist es», wurde dies – zumindest vordergründig – meist als der Weisheit letzter Schluss aufgenommen.

Und heute?

Heute können Pfarrerinnen und Pfarrer nicht mehr autoritativ auftreten. Heute gibt es eine Grundskepsis grossen gesellschaftlichen Institutionen gegenüber. Davon ist die Kirche mitbetroffen. Die in einem Pfarramt Tätigen müssen darum ihre Bedeutung zuerst einmal beweisen und ihr Ansehen immer wieder neu erwerben. Dies gelingt über fachliche Kompetenz und persönliche Glaubwürdigkeit. Das macht das Pfarramt anspruchsvoller, vielfältiger und auch persönlicher als früher.

Hat die Krise des Pfarramts nicht auch damit zu tun, dass Pfarrerinnen und Pfarrer keine überzeugenden Spurenleserinnen und Spurendeuter Gottes mehr sind?

Gesellschaftliche Veränderungen, welche die Kirche in Frage stellen, dürfen nicht schöngeredet werden. Aber die Kirche sollte sich von der alten Leier definitiv verabschieden, früher sei alles besser und einfacher gewesen, nur weil die Institution Kirche unangefochtener war und die Pfarrer lauter von der Kanzel donnerten. Die Skepsis christlichen Aussagen gegenüber ist grösser geworden. Aber für die Spurenleserinnen und Spurenleser Gottes ist dies eher ein Vorteil. Denn dieses Spurenlesen ist keine laute, sondern eine sehr sensible Angelegenheit. Heutige Menschen schätzen leise, feine Töne und sind offen für die geistliche, spirituelle Begleitung. Und gerade diese Begleitung ist vielen heutigen Theologinnen und Theologen besonders wichtig.

Wie Umfragen zeigen, sind die Erwartungen an die Kirche immer noch gross.

Ja, auch wenn diese Erwartungen oft diffus sind und Pfarrerinnen und Pfarrer auch belasten. Da soll man Lehrer, Redner, Hirte, Priester, Seelsorger, Werber, Diener, Animator und Motivator, Lagerleiter und Projektmanager sein – und all dies in einer Person! Oft sind dies sogar konträre Erwartungen. Brillanter Verkündiger und einfühlsamer Seelsorger soll man sein, perfekte Organisatorin und zurückhaltende Spurenleserin, intellektueller Fachgelehrter und zugleich jedermanns Kumpel...

Da sich Pfarrer durch die unterschiedlichsten Erwartungen der Menschen oft überfordert fühlen, versuchen sie sich zu spezialisieren. Ist dies nicht sinnvoll, weil damit die besonderen Begabungen und Fähigkeiten eines Pfarrers besser zum Tragen kommen?

Ja. In grösseren Kirchgemeinden mit mehreren Pfarrstellen ist es üblich und sinnvoll, dass die eine Pfarrerin etwa im Kinder- und Jugendbereich ihren Schwerpunkt hat und ihr Kollege die Altersarbeit, Abdankungen und Trauerbegleitung übernimmt.

Es ist auch sinnvoll, dass es in Spitälern und Gefängnissen besondere Pfarrämter gibt. Ich denke auch an das Aidspfarramt, das Gehörlosenpfarramt, das Flughafenpfarramt oder an die Arbeit in der Bahnhofkirche. Der Trend zur Spezialisierung kirchlicher Arbeit macht mich allerdings auch skeptisch. Nicht immer sind meine Vorlieben auch meine wirklichen Stärken. Nicht alles, was ich gerne tue, ist meine beste Arbeit. Der Pfarrberuf sollte auch in Zukunft ein vielfältiger Beruf bleiben, in dem es verschiedene Akzente, ja sogar Gegensätzliches gibt, das durch eine starke Persönlichkeit zusammengehalten wird. All dies kann von kirchlichen Berufsbildern und Reglementen nicht eingefangen werden. Zum Pfarrersein gehört Freiheit und Verantwortung, Selbständigkeit und Einsatz – und vor allem Freude an diesem «unmöglichen» und doch so faszinierenden Beruf. Es ist in der Kirche wie andernorts: Alles redet von Deregulierung, und doch werden immer mehr Leitbilder, Gesamtkonzepte und Reglemente geboren. Aber durch Reglemente wird das Evangelium nicht gerettet. Seine Präsenz in unserer Welt hängt in erster Linie ab vom Mut und von der Treue aller Glieder der Kirche zum Evangelium.

Vertreten Sie nicht ein gar rückwärtsgewandtes, traditionalistisches Pfarrerbild?

Keineswegs. Mir ist wichtig, dass sich der Pfarrberuf am Evangelium und zugleich an dem orientiert, wie Menschen Kirche und Pfarramt erfahren möchten. Diese suchen vor allem eine glaubwürdige, theologische Persönlichkeit. Dabei wollen sie nicht von Spezialist zu Spezialist rennen müssen. Stellen wir uns folgendes Zukunftsszenario vor: Wenn jemand in einer psychischen Krise steckt, muss er sich an den spezialisierten Seelsorgepfarrer wenden, der weit entfernt in einer anderen Gemeinde wohnt; wenn die Eltern kritische Fragen zum Konfirmandenlager haben, ist die Jugendpfarrerin zuständig, die in diesem Bereich insgesamt sechs Kirchgemeinden betreut. Wenn es um eine Abdankung geht, ist wieder ein anderer Spezialist zuständig. Und weil man die Zahl der Gottesdienstbesucher erhöhen möchte, werden regelmässig Predigtprofis eingeflogen, die allerdings niemand kennt. Präsent ist darum nur die kleine Schar derer, die dem Gottesdienst ohnehin die Treue hält. Bei allem Verständnis für Schwerpunkte – dies darf nicht geschehen. Der Pfarrberuf ist ein Kontaktberuf. Es geht in ihm um die Nähe und die Liebe zu den Menschen. Der Pfarrer hat darum in der Regel «Allgemeinpraktiker» zu sein, nicht hochspezialisierte Fachperson.

Radikale Kritiker des traditionellen Pfarramtes fordern die Abschaffung des Pfarramts mit der Begründung, dass die Pfarrerzentriertheit die Gemeinde letztlich entmündige.

Gute pfarramtliche Arbeit entmündigt die Gemeinde nicht, sondern befähigt sie zum gemeinsamen Gestalten des kirchlichen Lebens. Der Pfarrer ist kein «Superman», der sich für alles und jedes selber zuständig hält. Eine seiner Kernaufgaben liegt darin, professionelle, ehrenamtliche und freiwillige Mitarbeitende theologisch zu begleiten. Dies gewinnt im Zeitalter der «mündigen Laien» zunehmend an Bedeutung. Dennoch ist der Pfarrer mehr als Motivator und Animator. Seine Verantwortung für Predigt, Seelsorge und Bildung kann er nicht einfach delegieren.

Aber die Reformatoren sprachen doch vom «allgemeinen Priestertum aller Gläubigen».

Dieses reformatorische Anliegen zielt nicht auf ein «Hobbypfarrertum» aller Gemeindeglieder. Der priesterliche Dienst von allen wird primär im Alltag wahrgenommen. Christinnen und Christen sind in ihren jeweiligen Berufen und Aufgabenfeldern für andere Menschen «Priesterinnen und Priester», zum Beispiel als Ärztin, Lehrer, Handwerker, Politiker, Eltern, Freunde. In all diesen Bereichen sind sie die besseren Fachleute als Pfarrerinnen und Pfarrer und erfüllen an ihren Mitmenschen einen «priesterlichen Dienst».

Und in der Kirchgemeinde, konkret im Gottesdienst?

Auch der Gottesdienst ist keine Angelegenheit des Pfarrers allein. Die Kirchenmusikerin hat eine wesentliche Mitverantwortung. Auch der Sigrist oder die Sigristin, die den Gottesdienstraum betreut und auf die Menschen zugeht, ist wichtig. In jedem Gottesdienst sollten nach Möglichkeit auch weitere Gemeindeglieder mit einbezogen werden, zum Beispiel bei Bibellesungen, Fürbitten oder bei der Kollektenansage. In besonderen Gottesdiensten kann auch die Predigt durch Gemeindegruppen zusammen mit der Pfarrerin oder dem Pfarrer vorbereitet und gehalten werden. Auch Gebetsgruppen können den Gottesdienst geistlich vorbereiten und bereichern. Durch das vielfältige Mittragen der Gemeinde bleibt der Gottesdienst «Quellort des Lebens der Gemeinde», wie es in der Zürcher Kirchenordnung heisst.

Kehren wir nochmals zu Ihrer Predigt zurück. Pfarrer und Pfarrerinnen sollten leise von Gott reden, sagen Sie da. Hat die Kirche in der Vergangenheit zu laut, zu selbstsicher von Gott gesprochen?

Oft haben grosse und laute Worte dominiert. Dabei wurde das Schweigen von Gott und das Schweigen vor Gott vernachlässigt. Das Schweigen muss nicht ein Ausdruck der Gottesferne sein. Im Gegenteil. Die Bibel zeigt uns: Gerade beim Erleben grosser Gottesnähe kann oft nur sehr leise von Gott gesprochen werden. Eigentlich ist dies eine mystische Erfahrung. Diese mystische Dimension wird in unserer Zeit, auch in unserer Kirche des Wortes, neu entdeckt. Wir merken, wie auch unsere geistliche Tradition mystisch geprägt ist. Ich denke etwa an die Theologie und die Lieder von Martin Luther oder an die Gedichte von Paul Gerhardt und Gerhard Tersteegen. Diese sprechen in ihrer Zurückhaltung, Innigkeit und Bildhaftigkeit heute wieder viele Menschen an. Es ist aber auch an Texte von Jochen Klepper zu denken, die aus der Not des Zweiten Weltkrieges heraus entstanden sind.

Nur noch leise von Gott reden können – ist dies nicht auch eine besondere Erfahrung des 20. Jahrhunderts?

Jüdische Dichter haben darum gerungen, ob man nach Auschwitz noch Gedichte schreiben könne. Paul Celan, Rose Ausländer oder Hilde Domin haben diese Frage dahin beantwortet, dass man nach Auschwitz noch Gedichte machen könne, weil auch in Auschwitz Gedichte gemacht worden seien. Und jüdische Theologen haben gesagt, man könne darum nach Auschwitz noch beten, weil auch in Auschwitz gebetet worden sei. Aber auf dem Hintergrund des unendlichen Leides, das im 20. Jahrhundert von christlichen Völkern ausgegangen ist, können wir – im Bewusstsein unserer Schuld – nur noch sehr leise und bruchstückhaft von Gott reden.

Die Zeit der grossen theologischen Entwürfe und Konzepte ist also vorbei?

Für uns Heutige ist das sicher der Fall. Das heisst aber nicht, dass uns die grossen Systematiker des 20. Jahrhunderts, etwa Karl Barth, nichts mehr zu sagen hätten. Das Lebenswerk von Karl Barth ist für meine eigene Theologie von grosser Bedeutung. Aber am Anfang des neuen Jahrtausends müssen wir anders Theologie betreiben. Gerade Karl Barth kann uns den entscheidenden Anstoss geben, ganz nahe bei der biblischen Tradition zu sein und sie erzählend für uns neu zu gewinnen. Wir sind im Begriff, die zweitausendjährige Tradition des Erzählens biblischer Geschichte zu verlieren. Pfarrerinnen und Pfarrer sollen als Erzählerinnen und Erzähler der biblischen Geschichte Lehrer der Kirche sein. Wenn die Menschen wieder mit den biblischen Gleichnissen und Erzählungen leben, dann werden sie selber die Spuren Gottes in ihrem Leben und in unserer Zeit erkennen.

Besteht die Gefahr eines Traditionsabbruchs wirklich, oder wird er von der Kirche nur an die Wand gemalt?

Es besteht nicht nur die Gefahr, unsere Gesellschaft ist schon mittendrin, ihre biblisch-christlichen Wurzeln zu verlieren. Damit verlieren wir auch einen wichtigen Teil unseres kulturellen Erbes. Unsere europäische Kultur, unsere Kunst, unsere Literatur bis hin zu unserer Umgangsprache sind biblisch geprägt. Ohne biblisches Wissen verstehen wir uns selber nicht mehr, ob wir nun Kirchenmitglieder sind oder nicht. Für die Kirche ist die biblische Sprache die Sprache des Glaubens. Gemeint ist dabei nicht die vielgeschmähte «Sprache Kanaans». Aber es ist die Kenntnis biblischer Texte, die dem Glauben

Sprache verleiht. Wie soll man das Unservater inwendig kennen, wenn man es im Unterricht nie auswendig gelernt hat? Wie kann man einen Schwerstkranken mit den Worten des 23. Psalmes («Der Herr ist mein Hirte...».) erreichen, wenn ihm diese Worte der Geborgenheit nicht von Jugend an vertraut waren? Solche Worte und Bilder müssen Teil unserer Kultur und unseres Denkens bleiben, sonst wird unser Glaube sprachlos. Für diese Sprache des Glaubens, die durch die biblischen Texte und Erzählungen geprägt ist, tragen Theologinnen und Theologen, Pfarrerinnen und Pfarrer eine grosse Verantwortung.

Es geht also um eine narrative, erzählende Theologie?

Ja, es geht um die Kunst des Erzählens. Diese Kunst ist eng verbunden mit der Fähigkeit, Gottes Spuren zu lesen. Wir alle, nicht nur die Pfarrerinnen und Pfarrer, sind dazu gerufen, Spurenleserinnen und Spurenleser zu sein. Dies aber nicht im Sinne religiöser Detektive, die Gottes Spuren irgendwo suchen. Sondern als Menschen, die nicht aufhören zu erzählen von der Spur, die Gottes Wirken in Jesus Christus zurückgelassen hat in dieser Welt. Dies geschieht oft leise und bruchstückhaft. Nur eine Spur können wir erkennen. Aber es ist eine Spur, von der es immer neu zu erzählen, zu reden, zu singen – und zu schweigen gilt.

Der protestantische Pfarrer ist eine merkwürdige Zwitterfigur. Der Ausbildung und der Amtstracht nach tritt er auf als Gelehrter. Durch die Art seiner Dienstleistungen gehört er in die Reihe der Priester. In seinem theologischen Selbstverständnis möchte er am liebsten als Prophet agieren. Und die meiste Zeit verbringt er wahrscheinlich damit, die Rollen des kirchlichen Verwaltungsbeamten und des gemeindlichen Freizeitanimateurs zu spielen.

Manfred Josuttis

Mitmenschlichkeit
und Mitgeschöpflichkeit

Wenn ich deinen Himmel schaue, das Werk deiner Finger,
den Mond und die Sterne, die du hingesetzt hast:
Was ist der Mensch, dass du seiner gedenkst,
und des Menschen Kind, dass du dich seiner annimmst?
Du hast ihn wenig geringer gemacht als Gott,
mit Ehre und Hoheit hast du ihn gekrönt.
Du hast ihn zum Herrscher gesetzt über die Werke deiner Hände,
alles hast du ihm unter die Füsse gelegt:
Schafe und Rinder, sie alle,
dazu auch die Tiere des Feldes,
die Vögel des Himmels und die Fische im Meer,
was da die Pfade der Meere durchzieht.
Herr, unser Herrscher,
wie herrlich ist dein Name in allen Landen.

Psalm 8, 4–10

Liebe Gemeinde

Der Mensch – Krone der Schöpfung: Kaum ein Wort drückt menschliches Selbstbewusstsein so stark aus wie dieses. Der Mensch bezieht die ganze Umwelt auf sich, sieht sich gleichsam in der Mitte des Schöpfungsgartens, alles ist um seinetwillen geschaffen, allem gibt er einen Namen. So stellt es der zweite Schöpfungsbericht (1. Mose 2, 18–20) eindrücklich dar. Der Mensch ist als einziges Wesen nach dem Bilde Gottes geschaffen, wie es der erste Schöpfungsbericht Gott in majestätischen Worten sagen lässt: «Lasset uns Menschen machen nach unserem Bilde, uns ähnlich» (1. Mose 1, 26). Auf dem Hintergrund solcher biblischer Aussagen konnte sich der Mensch als Mitte der Werke Gottes, als Stellvertreter Gottes auf Erden verstehen, als Krone der Schöpfung.

Es sind zentrale Aussagen der jüdisch-christlichen Tradition, die in solchen Worten und Bildern ausgedrückt werden: Es geht um die Würde und Einzigartigkeit des Menschen! Auch wenn man seit der Aufklärung lieber «Natur» statt «Schöpfung» sagte und so den Schöpfer entthronte, vom Menschen sprach man noch immer respektvoll und optimistisch: «Edel sei der Mensch, hilfreich und gut!» Der Mensch wurde um so mehr als Krone, ja als Herrscher der Natur verstanden, je mehr der Schöpfer verdrängt und durch abstrakte Begriffe wie «Natur» oder «Evolution» ersetzt wurde.

Wir ahnen: In solchem Denken sind – neben allem Schönen und Grossen – auch Gefahren verborgen. Man kann zwar vom Menschen auch zu gering denken; es ist zynisch und menschenverachtend, ihn aufgrund seiner «Umweltsünden» als das «schädlichste Säugetier» zu beschimpfen. Aber die selbstherrliche Selbstverständlichkeit, den Menschen als Mitte und Krone der Schöpfung zu betrachten, ist uns Heutigen nicht zu unserem Schaden abhanden gekommen. Die Naturwissenschaften zeigen, wie klein und nebensächlich unsere ganze liebe Erde und damit auch wir Menschen sind. Zuerst wurde nachgewiesen, dass die Sonne nicht die Erde umkreist, die Welt wurde aus der Mitte verwiesen. Später zeigte sich, dass auch unser Sonnensystem eines in einer riesigen Zahl ist, umgeben von Myriaden von Himmelskörpern und unendlichen Räumen. Die Welt: ein Stäubchen in einer abgelegenen Ecke des Weltalls, der Mensch ein Nichts!

Und dieser Mensch ist hinfällig, sterblich, vergänglich, wie das «Vieh, das verstummt» (Psalm 49, 13), ja wie das Gras, das verdorrt (Psalm 103, 15 u. 16), wie es uns das Alte Testament in einem eindrücklichen Bild vor Augen hält. Und wenn je, so haben es die letzten hundert Jahre gelehrt, welche Abgründe im Menschen sind: zwei Weltkriege mit Millionen von Toten. In der Menschheitsgeschichte gibt es keine Grausamkeit, kein Unrecht, keine Unmenschlichkeit, deren die Menschen nicht fähig gewesen wären und noch sind. Der Mensch – unbedeutend, hinfällig, abgründig.

Die Rede von der «Krone der Schöpfung» kommt uns da vor wie bittere Ironie. Resigniert und spitz soll es ein Dompteur festgehalten haben: «Als ich die Menschen kannte, wandte ich mich den Tieren zu.» Und Blaise Pascal, der grosse französische Denker, sagt vom Menschen, er sei «ni ange – ni bête», weder Engel noch Tier. Im Menschen schlummern positive Möglichkeiten, und dennoch kann er tiefer fallen als all seine Mitgeschöpfe. Ein merkwürdiges, ein widersprüchliches Geschöpf, der Mensch, der sich als Krone, Mitte und Herr der Schöpfung versteht, zugleich aber hinfällig, unbedeutend, ja alles Bösen fähig ist. Ja, was ist der Mensch?

Was ist der Mensch? So überlegt auch der Sänger des 8. Psalms: «Was ist der Mensch, dass du seiner gedenkst und des Menschen Kind, dass du dich seiner annimmst?» (Psalm 8, 5). Hier staunt ein Mensch: Gott gedenkt des Menschen, obwohl dieser klein, hinfällig, unbedeutend ist. Gott ist so gross, dass ihm das Kleinste, der Mensch, nicht zu klein ist. Der Mensch hat seine Würde nicht aus sich selbst, sondern von Gott, der seiner gedenkt. Das Neue Testament bezeugt, dass Gott in Jesus Christus Mensch wurde und ein vergängliches, leidvolles Leben mit den Menschen teilte. Hier gründet alle Menschenwürde, alle rechtverstandene Menschengrösse, dass Gott des Menschen gedenkt, dass er in Jesus Christus einer von uns, Mensch, geworden ist.

So gilt es nicht nur für den Menschen allgemein, sondern für einen jeden von uns: Wir haben zwar Gaben und Fähigkeiten, an welchen wir uns freuen dürfen, Möglichkeiten, die wir für uns und andere einsetzen dürfen. Aber der Sinn, die Würde, die Einzigartigkeit unseres Lebens beruht nicht auf unserem Tun und Leisten, sondern darauf, dass Gott an uns denkt, so sehr an uns gedacht hat, dass er in Jesus Christus ein menschliches Schicksal auf sich genommen hat. Daraus leben wir in Schönem und Schwerem: Wir sind Gottes Geschöpfe. Nicht Krone der Schöpfung sind wir, sondern von Gottes Barmherzigkeit gekrönte Geschöpfe, welche für ihre Mitgeschöpfe Verantwortung zu übernehmen haben.

Dem Psalmisten wird das zum jubelndem Gotteslob: «Herr, unser Herrscher, wie herrlich ist dein Name in allen Landen» (Psalm 8, 10). Im Gotteslob wird sich der Mensch bewusst, dass er nicht selbstherrlich auf sich selbst zu blicken hat, sondern auf den, dem er alles verdankt: Gott. Und in Gottes Namen, nicht in eigener Selbstherrlichkeit, soll und darf der Mensch auch seinen Mitgeschöpfen gegenüber Verantwortung übernehmen.

Das tönt harmlos, erinnert uns aber an ein unendlich dunkles Kapitel der Menschheitsgeschichte. Mitmenschlichkeit – dazu war der Mensch hin und wieder noch zu bewegen. Denken wir etwa an das grosse Werk des Roten Kreuzes, welches Mitmenschlichkeit sogar in Konflikten und Kriegen zu realisieren versucht. Aber Mitgeschöpflichkeit – in den Tieren Mitgeschöpfe, ja Schwestern und Brüder erkennen, wie das Franz von Assisi im «Sonnengesang» getan hat, Mitgeschöpflichkeit – wie selten kam das vor, leider auch in der Geschichte des Christentums!

Geschichte von unten ist ein Begriff in der Geschichtsschreibung. Es soll nicht mehr nur auf die Grossen geschaut werden: Alexander, Cäsar, Napoleon haben diese oder jene Kriege geführt; der Sonnenkönig hat Versailles gebaut. Nein, Millionen von Menschen haben gelitten und sind gestorben in Kriegen, in die sie hineingezwungen wurden. Zehntausende haben die Werke der «Sonnenkönige» gebaut, welche wir heute bewundern. Zehntausende haben gearbeitet und gelitten, sind elendiglich gestorben, damit Peter der Grosse sein Petersburg aus den Sümpfen erstehen lassen konnte. Geschichte von unten: erforschen, wie ein Bauer, eine Nonne, eine Bürgersfrau, ein Tagelöhner, eine Arbeiterin vor hundert, fünfhundert oder tausend Jahren gelebt haben. Eindrücklich, solche «Geschichten von unten».

Aber man könnte Geschichte von noch tiefer unten betreiben, aus der Perspektive der Tiere, der Mitgeschöpfe des Menschen. Solche «Geschichte von ganz unten» wäre ein düsteres Kapitel in einem Geschichtsbuch. Für Griechen und Römer waren die Tiere Sachen, zum Gebrauch oder Missbrauch. Tierschutz gab es nicht. Und obwohl sich in Sachen Tierschutz bei uns vieles zum Guten gewendet hat, auch in der Schweiz waren Tiere bis in jüngster Zeit dem Sachenrecht unterstellt. Vielleicht ist es typisch, dass für griechische Philosophen und römische Weltenherrscher auch Sklaven als Sachen galten, zum Gebrauch oder zum Missbrauch. Wer die Tiere, seine Mitgeschöpfe, wie Sachen behandelt, dem ist wohl auch der unmenschliche Umgang mit Menschen nicht fremd.

Aber menschliche Kultur besteht durch alle Jahrhunderte zu einem grossen Teil auf dem Umgang mit den Tieren: Jagd zur Ernährung, Haustiere für Nahrung, Kleidung und harte Arbeit. Menschliche Kultur lässt sich aufzeichnen in seinem Verhalten zu seinen Haustieren. Dies war bis vor wenigen Jahrhunderten wortwörtlich zu verstehen: Mit Haustieren haben die Menschen oft unter einem Dach zusammengelebt. Und wie viel verdankt der Mensch doch seinen Haustieren! Dem Hund als Blindenhund oder Suchhund etwa; der Katze, nicht nur als nützliche Mäusefängerin, sondern im wörtlichsten Sinne als Haustier, als stolzes Tier, das Distanz hält und dem Menschen doch in besonderer Weise nahe ist; dem Rind, das die Besiedlung und Nutzung der Alpen ermöglichte; dem Pferd oder dem Esel, die als Arbeitstiere menschliche Kulturleistungen in vielem erst ermöglichten.

So entstand Freundschaft zwischen Menschen und Tieren. Wir spüren es bis heute: Wie viel Ruhe und Gelassenheit strahlt ein Tier aus, das einfach lebt, während Menschen rennen und raffen. Aber wie viel Leiden und Schmerzen mussten die Tiere durch alle Jahrtausende durch den Menschen erfahren: Pferde zum Beispiel in den Kriegen. Und unsere Zeit hat die Massentierhaltung erfunden. Die Produzenten werden gezwungen, Tiere massenhaft zu halten, weil Konsumenten billigeres Fleisch verlangen. Tiere zur menschlichen Nahrung, das darf sein. Einzelne Tiere töten, damit andere gesund bleiben, auch das hat seinen Sinn. Aber gegenwärtig werden in Europa Hunderttausende von Rindern und Schafen getötet, vorwiegend, weil, wie es heisst, der Markt entlastet werden müsse. Die Öffentlichkeit bewegt dieser grausame Umgang mit den Tieren kaum. Nur wenn ein einzelnes englisches Kälbchen die Massenvernichtung überlebt, können wir die rührende Story am Fernsehen geniessen!

Unser Psalm aber sagt es eindrücklich: Der Mensch, der kleine und unbedeutende Mensch, lebt daraus, dass Gott an ihn denkt und ihm eine Mitverantwortung für seine Mitgeschöpfe, die Tiere, überträgt. Mensch und Tier gehören nach biblischer Tradition zusammen. Nicht erst die Evolutionslehre hat dies gezeigt oder die moderne Biologie, die nachweist, dass der Mensch mit dem Schimpansen etwa 98 % der Gene gemeinsam hat. Mensch und Tier sind verwandt, weil sie Geschöpfe des einen Schöpfers sind. Darum hat der Mensch respektvoll mit dem Tier umzugehen, mitgeschöpflich. «Der Gerechte hat Verständnis für das Verlangen seines Viehs, aber das Herz der Gottlosen ist grausam» (Sprüche 12, 10), sagt die

Bibel. Das Sabbatgebot setzt sich auch für die Ruhe von Rind und Esel (5. Mose, 5, 14) ein. Schon im Alten Testament ist in einer endzeitlichen Vision von einer neuen Schöpfung die Rede, von einem friedlichen Zusammenleben von «Wolf und Lamm, Löwe und Kleinkind, Panther und Böcklein, Kuh und Bärin, Säugling und Schlange» (Jesaja 11, 6–8). Und das Neue Testament weist darauf hin, dass alle Kreaturen sich schmerzlich ängstigen und auf Erlösung harren (Römerbrief 8, 20 und 21).

Biblische Tradition redet nicht der Selbstherrlichkeit, sondern der Mitgeschöpflichkeit des Menschen das Wort. In der Kirchengeschichte wurde dies oft vergessen und unterdrückt. Franz von Assisi ist hier eher die Ausnahme, die die Regel bestätigt. Erst der oft belächelte Pietismus hat den Respekt vor den Tieren neu entdeckt. Und festgehalten, dass sich «der gläubigen Seelen Barmherzigkeit auch über das Vieh und die unvernünftigen Tiere» (Philipp Jakob Spener) erstrecke; ihnen sei Futter und Ruhe zu verschaffen. Und im württembergischen Pietismus wurde das Wort weitergegeben, das Vieh im Stall merke es als erster, wenn der Bauer bekehrt sei. Auch hier wieder der Zusammenhang von Gottesfurcht, Mitmenschlichkeit und Mitgeschöpflichkeit. Daher hat sich der Pietismus nicht nur für soziale Einrichtungen, sondern auch für den Tierschutz eingesetzt.

Gott – Mensch – Tier: Unser Psalm stellt den Zusammenhang eindrücklich fest und widerspricht aller menschlichen Selbstherrlichkeit. Tiere sind Mitgeschöpfe, nicht einfach «Nutztiere», die es zu «verwerten» gilt und die – wenn der Götze Markt es verlangt – zu Millionen produziert oder auch zu Millionen vernichtet und weggeworfen werden können!

Der Mensch ist von Gott in die Verantwortung genommen, auch der Mitwelt gegenüber. Hier geht es nicht um ein bisschen Umweltschutz, der je nach ökonomischem Nutzen mehr oder weniger betont werden kann. Hier geht es um die Grundverantwortung des Menschen.

In poetischen Worten redet der Psalm davon, wie Gott dem Menschen Tiere anvertraut habe, Mitgeschöpfe, die ihm das Leben erleichtern und bereichern sollen, und nicht Sachen, die er gebrauchen oder missbrauchen darf. Der Psalm schliesst mit dem Gotteslob, mit welchem er angefangen hat. Der Mensch staunt über den Gott, der ihn ins Leben gerufen hat, der an ihn denkt trotz seiner kreatürlichen Hinfälligkeit und Schuld. Der Mensch staunt über den Gott, der alles geschaffen hat und seine Geschöpfe dem Menschen anvertraut. Dieser freundliche und verantwortungsvolle Umgang mit seinen Mitgeschöpfen gehört zum Menschsein des Menschen. Mitmenschlichkeit und Mitgeschöpflichkeit gehören zu dem, was Albert Schweitzer die «Ehrfurcht vor dem Leben» nennt. Gott auch für die Tiere danken, die Tiere diese Dankbarkeit spüren lassen – dies ist ein kirchlich selten gegenwärtiger, aber urbiblischer Gedanke!

Wer so zu denken, zu leben und zu fühlen versucht, der kann mit unserem Psalm nur dankbar staunen: Was ist doch der Mensch, dass du, Gott, an ihn denkst? Du, Gott, gedenkst des Menschen und führst ihn zum Staunen, zur Verantwortung, zum Respekt, zur Fürsorge allen Mitgeschöpfen gegenüber. Amen

Predigt im Fraumünster, Sonntag, 27. Mai 2001

Wer das Staunen verlernt,
verlernt den Glauben

Im achten Psalm heisst es, der Mensch sei mit «Ehre und Hoheit gekrönt». Der Mensch als Krone der Schöpfung – ist dies nicht eine vermessene Sicht?

Bevor wir diese Sicht problematisieren, sollten wir diese Aussage verstehen und würdigen. Jüdische und christliche Theologie gehen davon aus, dass Gott den Menschen nach seinem Bilde geschaffen habe. Der Mensch wird als Schlusspunkt und Krönung der Schöpfung verstanden. Auch aus moderner Perspektive gibt es gute Gründe für diese Sicht. Der Mensch ist das einzige Wesen, das über sich selber nachdenken kann. Er ist das einzige Wesen, das reden, schreiben, lachen, weinen und beten kann. Der Mensch ist nicht allein der Natur und den Instinkten ausgeliefert. Er hat einen Verstand und ein Gewissen. Bei allen Prägungen und Abhängigkeiten ist er bei seinen Entscheidungen, Gutes oder Böses zu tun, mit Freiheit ausgestattet. Von seiner Bestimmung her ist der Mensch ein souveränes Wesen. In dieser Souveränität ist er «nur wenig geringer als Gott», wie es im Psalm 8 heisst. Darum sagt die Bibel, Gott habe den Menschen nach seinem Ebenbild geschaffen. Der Mensch ist Gott «ebenbildlich».

Gottesebenbildlichkeit heisst: Der Mensch ist Abbild eines göttlichen Urbilds.

Ja, in aller Gebrochenheit und Unvollkommenheit, wie uns die Geschichte zeigt. Geschichte, später insbesondere auch Kirchengeschichte, hat mich stets fasziniert und zugleich tief betroffen gemacht. Die Menschheitsgeschichte hat immer auch eine abgründige und abstossende Seite gehabt. Durch ihr Machstreben und ihre Gier verursachen die Menschen unendliches Leid. Wenn ich da nicht dennoch an einen «göttlichen Kern» im Menschen glauben könnte, müsste ich verzweifeln.

Die orthodoxe Kirche bezeichnet den Menschen sogar hymnisch als «Zierde des Kosmos».

Die orthodoxe Theologie denkt hier nicht nur an die Schöpfung, sondern auch an die Inkarnation: Durch die Menschwerdung Gottes in Jesus Christus sind der Mensch und die ganze Schöpfung geadelt. Etwas Ähnliches hat auch Dietrich Bonhoeffer gesagt: Die Würde der Schöpfung sei darin zu sehen, dass sie den Fussabdruck Christi zeige. Dieses Bild der Hoffnung ist mir wichtig: Trotz aller Abgründe haben die Welt und die Menschen ihre Würde.

Die orthodoxe Kirche nennt den Menschen darum «Zierde des Kosmos», weil er als einziges Wesen in zwei Welten lebe: Mit den Füssen ist er der materiellen Welt verbunden, mit dem Herzen aber und dem Kopf hat er Anteil an der spirituellen Welt.

Dieses Bild ist eindrücklich und zutreffend. Einerseits wird die besondere Stellung des Menschen betont, andererseits steckt in diesem Bild auch eine gewaltige Spannung. Der Mensch ist gleichsam ausgespannt zwischen zwei Polen. Er kann dem Materiellen und den tief verankerten Instinkten verfallen und so das Leben verfehlen. Aber er kann seine Bestimmung auch dadurch verfehlen, dass er das Irdische verachtet und sich ins rein Geistige flüchtet. Diese Spannung zwischen materieller und spiritueller Welt, wie sie die orthodoxe Theologie betont, gilt es auszuhalten und fruchtbar zu machen. Die Evangelien zeigen mir, dass Jesus in seiner Zuwendung zu Gott und den Mitmenschen, in der Freude am Leben und im Aufsichnehmen des Leidens diese Weite des Menschseins in einzigartiger Weise gelebt und gestaltet hat.

Der Mensch ist ein ambivalentes Wesen. Er kann über sich hinauswachsen, aber er kann auch tief fallen – sogar tiefer als alle seine Mitgeschöpfe, sagen Sie in Ihrer Predigt. Warum das?

Das christliche Menschenbild ist weder idealistisch noch materialistisch, weder optimistisch noch pessimistisch, sondern rea-

listisch. Die Aussage der Gottebenbildlichkeit weist darauf
hin, dass der Mensch zum Guten fähig ist. Ich habe unzählige
Biografien gelesen. Mich fasziniert, wie sich Menschlichkeit
und Barmherzigkeit im Leben von Menschen aller Kulturen
und Religionen zeigen kann. Der Mythos vom Sündenfall
hingegen weist auf die Abgründe des Menschseins hin. Der
Mensch ist zu allem Bösen fähig. Es gibt kein Unrecht, keine
Gemeinheit, kein Verbrechen, keine Grausamkeit, welche
Menschen nicht an ihresgleichen oder an Tieren begangen haben – und noch begehen! Woher diese Ambivalenz des Menschen kommt, weiss ich nicht. Sie ist mir oft Anfechtung im
Glauben: Warum lässt Gott diese Gier und Grausamkeit der
Menschen zu? Ein Riss geht offensichtlich durch die Schöpfung und damit eine leidvolle Disharmonie. Dieser Riss geht
auch mitten durch unser Menschsein hindurch. In der Sprache
des Glaubens nennt man dies «Sünde». Diese Zerrissenheit ist
oft auch bei grossen Persönlichkeiten der Menschheitsgeschichte mit Händen zu greifen. So haben etwa die amerikanischen Gründerväter die Menschenrechte festgeschrieben – und
waren doch Sklavenhalter. Die Pest der Sklaverei und Leib-
eigenschaft wurde von wenigen bekämpft, von vielen aber ge-
duldet und gefördert. Hier gibt es eine gewaltige Schuld. In
ähnlicher Weise ist auch der Antijudaismus eine Erbschuld der
Christenheit. Huldrych Zwingli und Heinrich Bullinger zum
Beispiel haben sich zwar dem Alten Testament im hebräischen
Urtext zugewandt. Dies geschah auch mit Hilfe jüdischer Gelehrter. Dennoch gaben die beiden Reformatoren die alte
christliche Judenfeindschaft nicht auf.

*Im ersten Schöpfungsbericht, in Genesis 1, gibt es den
problematischen Satz «Machet euch die Erde untertan».*

Für sich allein genommen, ist diese Sicht tatsächlich problematisch. Ich denke aber nicht, dass es da um ein schrankenloses
Herrschen geht. Man muss die Idee des Herrschens zusammen
mit der Verantwortung, die daraus folgt, sehen. In der zweiten
Schöpfungsgeschichte (1. Mose, 2), heisst es, Gott habe den
Menschen in den Garten Eden gesetzt, damit er diesen «bebaue
und bewahre». Um die Einsamkeit der Menschen zu überwin-

den, bildet Gott die Tiere und anvertraut sie in rührender Fürsorglichkeit dem Menschen. Das sind hilfreichere Bilder für unseren Umgang mit der belebten Natur als die Aussage vom «Herrschen». Der Mensch soll die Erde nicht missbrauchen, sondern behüten. Der Mensch ist als «Statthalter Gottes» angehalten, für die Erde und alle Kreaturen Sorge zu tragen. So gesehen, kann der Mensch nicht willkürlich handeln, denn er hat Gott darüber Rechenschaft abzulegen, ob er Gottes Garten, Gottes Schöpfung, bewahrt oder zerstört.

Die Wirkungsgeschichte des Appells «Machet euch die Erde untertan» ist allerdings grösser gewesen als die Aufforderung, Gottes Garten zu bewahren.

Ja, es gibt Bibelworte mit verheerender Wirkungsgeschichte. Denken wir etwa an antijüdische Aussagen im Neuen Testament! Das hier angesprochene Wort «Machet euch die Erde untertan» (1. Mose 1, 28) ist auch ein Bibelwort mit fatalen Folgen. Der westliche Mensch hat durch Masslosigkeit und Egoismus die Schöpfung geschunden und dies zu allem Übel oft noch biblisch gerechtfertigt. Statt die Schöpfung schonend zu nutzen, hat er sie oft zerstört. Schamlos hat er Bodenschätze ausgebeutet. Rücksichtslos hat er Tiere gejagt und ganze Arten zum Verschwinden gebracht. Erbarmungslos ist er mit seinesgleichen umgegangen und hat ganze Völker ausgerottet. Vielleicht ist die Geschichte von Noah und der Sintflut auf diesem Hintergrund zu lesen – die Sintflut als Mahnung, als göttlicher Einspruch gegen die zügellose und schrankenlose Herrscherattitüde des Menschen. Nicht umsonst folgt unmittelbar auf die Sintflutgeschichte eine der niederschmetterndsten biblischen Aussagen über den Menschen: «Das Trachten des menschlichen Herzens ist böse von Jugend auf» (1. Mose 8, 21).

Das ökologische Freveln, die Rücksichtslosigkeit gegenüber der Natur, ist doch «nur» ein Ausdruck einer bestimmten Denkweise.

Dahinter steckt tatsächlich eine Grundhaltung: das kurzfristige, zweckrationale Denken. Bei diesem Denken sieht man einzig und allein den kurzfristigen Nutzwert der Natur. In der

Wiese sieht man den Acker, im Baum das Holz, im Rind das Steak. Diese verdinglichte Sichtweise ist fatal, weil so der Eigenwert der Natur, ihre Schönheit und ihre Würde, ausgeblendet wird. Statt ein schonungsvolles, dialogisches Verhältnis zur Natur zu pflegen, wird sie nur noch als Mittel zum Zweck gesehen und entsprechend behandelt. Generationen vor uns haben noch gewusst, dass wir nicht gegen, sondern nur mit der Natur leben können.

Andere Kulturen und Religionen haben die Erde oft rücksichtsvoller behandelt. Die Indianer zum Beispiel haben die Erde als «Mutter aller Lebewesen» verehrt und darum vor ihr einen grossen Respekt gehabt.

Dies mag so sein. Nur denke ich, dass wir heute nicht zu einer Naturfrömmigkeit zurückkehren können, die es früher vielleicht einmal gab. Wir können die Natur, die wir entzaubert haben, nicht wieder verzaubern, tabuisieren oder sakralisieren. Wir müssen sie weder fürchten noch anbeten. Sie ist nicht Gott, sondern Gottes Schöpfung. Wir sind Teil von ihr, stehen ihr zugleich gegenüber, sollen sie gestalten und zugleich auch bewahren.

Aber offenbar genügt ein solches Verständnis der Natur eben nicht. Zumindest hat es sich in der Praxis nicht durchgesetzt.

Ja, es ist tragisch. Ein religiöser Mensch, der sich als ein kleiner, aber wertvoller Bestandteil einer grossen Schöpfungsordnung versteht, sollte eigentlich weniger in der Gefahr sein, sich selber absolut zu setzen. Leider zeigt uns die Geschichte, dass gerade auch christliche Kulturräume zu dieser Selbstvergötzung neigten und sich der Natur gegenüber fahrlässig oder gar feindselig und damit verantwortungslos verhielten – und es leider noch tun.

Hat das Christentum nicht schon immer ein Problem gehabt mit dem Verhältnis von Geist und Materie? Die Materie wurde oft abgewertet oder zum Teil gar verteufelt.

Diese Tendenz gibt es im Christentum, allerdings nicht von seinen jüdischen Wurzeln her. Der Einfluss der spätgriechisch-hellenistischen Philosophie hat dazu geführt, dass man die Welt und die Materie abgewertet hat. Nicht nur die uns umgebende Natur wurde als unwichtig betrachtet, auch unsere eigene Natur, unser Körper mit seinen Bedürfnissen und Regungen – all das wurde als minderwertig, ja hinderlich auf dem Weg zum rein geistig verstandenen Gott betrachtet. Auf dem Wege zum Heil sollte alles Irdische abgetötet werden. Eine unheimliche Weltlosigkeit prägte dieses Konzept, so als würde sich die Glaubensbeziehung nur abspielen zwischen einem abstrakten Gott und einer ebenso abstrakten Menschenseele.

Der Körper wurde da nur als leidvoller Kerker der Seele betrachtet.

Darauf lief dieses dualistische Denken in seinen extremen Formen hinaus. Nicht selten war Naturfeindlichkeit dabei auch mit Frauenfeindlichkeit verbunden, da Männer davon ausgingen, dass Frauen der Natur näher stünden als sie. Verachtung der Natur und religiöse Zurücksetzung der Frau gingen dann Hand in Hand. Hier hat sich in den letzten Jahrzehnten zum Glück vieles verändert. Dennoch bleibt es für mich unverständlich, dass in der katholischen und in der orthodoxen Tradition Frauen noch immer vom Priesteramt und vom Leitungsamt in der Kirche ausgeschlossen werden.

Aber in Ihrer Predigt weisen Sie auf einen katholischen Heiligen hin, dessen Frömmigkeit sehr weltbejahend und mystisch-ganzheitlich geprägt war: Franz von Assisi.

Auch Franz von Assisi war geprägt von asketischem Denken. Als Mönch durfte er seinen Körper und seine Sexualität nicht uneingeschränkt als gute Gaben Gottes sehen und sich daran freuen. Aber seine Beziehung zu Gott war unmittelbar und elementar und von daher auch seine Beziehung zur Schöpfung Gottes. Er begegnete Gott in den Armen, in den Kranken, in den Tieren, in den Pflanzen, in Gottes ganzer, guter Schöpfung. Daher bezeichnet er in seinem «Sonnengesang» Sonne und Mond als Bruder und Schwester. Zu allen Geschöpfen erfährt er eine geschwisterliche Verwandtschaft. Gottesbeziehung, Mitmenschlichkeit und Mitgeschöpflichkeit sind bei Franz von Assisi eng verbunden. Ja, sogar der Tod wird als «Schwester» akzeptiert und liebevoll integriert in den göttlich geordneten Kosmos.

Kann man in der Natur also gleichsam Gottes Handschrift erkennen? Orthodoxe Christen sagen sogar, in der Natur könne man Gottes «Energien» erfahren.

Gott zeigt sich mir primär im Reden und Wirken, Leben und Leiden, Sterben und Auferstehen von Jesus Christus. Aber christliche Verkündigung hat immer auch darauf hingewiesen, dass sich Gott in Jesus Christus nicht nur offenbart, sondern zugleich auch «verhüllt» – und er darum stets der «ganz Andere», Unfassbare, Unendliche bleibt. Vielleicht könnte man etwas Ähnliches von Gottes Schöpfung sagen. Auch in der Schöpfung zeigt und verhüllt sich Gott. Auch da ist er nur zu erahnen.

Hans Jonas kommt in seinem eindrücklichen Buch «Das Prinzip Verantwortung» zum Schluss, die Menschen müssten der Natur erneut eine heilige Dimension zuerkennen. Allein dies könnte die Menschheit nachhaltig davon abhalten, sich weiter an der Natur zu vergehen. Was halten Sie von diesem Vorschlag?

Heilige Dimension – warum nicht? Heilig heisst ja nicht göttlich, sondern von Gott geheiligt, zu Gott gehörig. Persönlich allerdings finde ich den von Albert Schweitzer geprägten Begriff der «Ehrfurcht vor dem Leben» hilfreicher. Er bezeichnet eine Grundhaltung des Respekts und des Wohlwollens allem Lebendigen gegenüber. Allerdings müssen wir uns bewusst sein, dass durch Tötung von Leben Leben auch erhalten wird. Sei dies das Töten von Tieren für die Ernährung oder Bekleidung von Menschen, sei dies das Töten von Tieren zur Erhaltung des Gleichgewichts einer Tierpopulation. Bauern und Jäger sind doch keine Unmenschen. Die meisten fühlen sich den Tieren auf gute, wohlwollende Weise verbunden.

Welche Beziehung haben Sie ganz persönlich zur Natur und zu den Tieren?

Mein Vater und meine Mutter entstammen Bauernfamilien, und manche meiner Verwandten haben noch immer einen Bauernhof. Als Kind und Jugendlicher war ich oft auf Bauernhöfen in den Ferien. Ich fühle mich daher der bäuerlichen Welt verbunden und habe eine starke Beziehung zur Natur. Ich lebe mit den Jahreszeiten, freue mich am goldenen Licht des Herbstes, an der kalten Stille des Winters und vor allem an der Blütenpracht und dem jungen Grün des Frühlings. Auf Wanderungen beobachte ich oft und gern das Verhalten einer Viehherde oder eines Pferdes. Ich bin beglückt, für einige Momente äsenden Rehen zuzusehen. Zu Hause widme ich meine Aufmerksamkeit manchmal unserer alten Hauskatze. Die souveräne Art, wie sie sich im Raum bewegt, ihr stilles Atmen oder wohliges Schnurren, ihre Augen, die den Dialog mit meinen Augen suchen, oder auch ihr eigenwilliges Bestimmen von Nähe und Distanz – all das lässt mich etwas erahnen von der Unverfügbarkeit, vom Geheimnisvollen und von der Würde, welche in jeder Kreatur zu spüren ist.

Haben Tiere eine Seele? Es gibt ja Menschen, die selbst Bäumen oder Steinen eine Seele zuschreiben…

Mensch und Tier haben von Gott das, was das Alte Testament Odem, Lebensgeist, nennt. Das Buch Prediger sieht in dieser Hinsicht Mensch und Tier nahe beieinander: Beide haben Lebensgeist von Gott, und beide haben das Schicksal der Vergänglichkeit. Darum stellt das Buch Prediger die nachdenkliche Frage: «Wer weiss denn, ob der Lebensgeist der Menschen nach oben steigt und der Lebensgeist der Tiere hinab in die Erde?» (Prediger 3, 21). Ich höre in einer solchen Frage nicht Resignation oder gar Hoffnungslosigkeit, sondern den Hinweis auf das gemeinsame Eingebundensein in den Kreislauf der Natur. Zugleich ist es für mich ein Aufruf zum Respekt vor allem, was lebt und stirbt. Dem Unbelebten eine Seele zuzuschreiben, also zum Beispiel den Steinen, scheint mir zu weit zu gehen. Und doch habe ich unterwegs schon manchen Stein «aufgelesen» und be-

wundert. Nur schon der Gedanke, welche Zeiträume er über-
dauert hat, flösst mir Ehrfurcht ein und macht mich bescheiden.

*Müssten Christen aus Ehrfurcht vor den Tieren Vege-
tarier sein?*

Wer dies will, kann dies tun. Aber aus der Bibel lässt sich keine
Verpflichtung dazu ableiten. Persönlich meine ich: Nutztier-
haltung ja, aber keine tierquälerische Käfighaltung zur Fleisch-
gewinnung oder um des Pelzes willen. Man darf die Tiere nicht
als seelenlose Nutzinstrumente missbrauchen. Über die Regungen und Empfindungen von Tieren wissen wir zwar nicht all-
zuviel. Aber das ist gewiss, dass auch sie leiden – so wie wir.
Wir erkennen an ihnen aber auch Zeichen der Freude und
Zufriedenheit. Tier und Mensch sind Schicksalsgenossen. Ich
finde es immer wieder eindrücklich, dass nach dem ersten
Schöpfungsbericht Gott am fünften Tag die Wassertiere und
die Vögel schuf und am sechsten Tag die Landtiere und den
Menschen. Hier ist offensichtlich eine Ahnung vorhanden von
der Verwandtschaft von tierischem und menschlichem Leben.
Daher habe ich auch keine Schwierigkeiten mit einer unideolo-
gischen Evolutionstheorie, weil sie dasselbe – freilich in anderer Weise – betont.

*Sie warnen in der Predigt davor, dass sich der Mensch
selbstherrlich als «Krone der Schöpfung» aufführt, und
weisen ihm den Weg von der «Selbstherrlichkeit» hin zur
«Mitgeschöpflichkeit».*

Natur und Kultur dürfen nicht gegeneinander ausgespielt werden. Es ist nicht nur legitim, sondern unumgänglich, dass der
Mensch seinen natürlichen Lebensraum gestaltet und nutzt.
Die intelligente und nachhaltige Nutzung der Natur ist die
wichtigste kulturelle Leistung des Menschen. Unsere eigenen
kurzfristigen Perspektiven dürfen wir allerdings nicht verabsolutieren. Die Rendite von morgen darf nicht allein den Aus-
schlag geben. Wir müssen vielmehr lernen, im Kleinen wie im
Grossen nachhaltig zu wirtschaften. Im Bild gesprochen: Der
Vater pflanzt den Nussbaum oder den Olivenbaum für den
Sohn – und der Sohn nutzt und pflegt ihn für seine Kinder.

Am Schluss Ihrer Predigt reden Sie vom Staunen. Haben wir vielleicht das Staunen vor dem grossen Wunder der Schöpfung verlernt – und darum die Ehrfurcht verloren?

Ja, staunen, darum geht es. Dieses Staunen hat nicht mit Naivität und Unwissenheit zu tun. Je mehr wir über die Natur wissen, desto mehr staunen wir. Persönlich faszinieren mich Radioberichte und Fernsehfilme über naturwissenschaftliche Phänomene. Ich staune vor dem Wunder des Kosmos und darüber, dass es auf unserem winzigen Planeten Leben in unendlicher Vielfalt gibt. Oder ich staune über den perfekten Radar einer Fledermaus oder über die Sprache der Wale. Ja, das Staunen vor der Schöpfung ist das Entscheidende. Wer das Staunen verlernt, verlernt den Glauben. Und wer den Glauben verlernt, verlernt die Ehrfurcht vor dem Leben.

Lob sei dir mein Herr durch Schwester Wasser
Sehr nützlich ist sie demütig kostbar und rein

Lob sei dir mein Herr durch Bruder Feuer
Durch ihn ist die Nacht erhellt
Schön ist er fröhlich kraftvoll und stark

Lob sei dir mein Herr durch unsere Schwester
Mutter Erde
Sie belebt und lenkt uns
Sie erzeugt viel Früchte
farbige Blumen und Gräser

Aus dem Sonnengesang
von Franz von Assisi

Volkskirche mit Zukunft?

Glaubt ihr nicht, so bleibt ihr nicht. Jesaja 7, 9

Liebe Gemeinde
Glaubt ihr nicht, so bleibt ihr nicht. So einfach ist das und so anspruchsvoll in der Kirche. Alles hängt am Glauben, alles am Gottvertrauen. Der Prophet Jesaja sagt dies in einem Wortspiel mit dem hebräischen Wort «aman», fest, sicher, zuverlässig, vertrauen, bleiben. Glauben und Bleiben – dasselbe Wort in unterschiedlicher grammatikalischer Form. Glauben und Bleiben – dieselbe Sache in unterschiedlicher Perspektive. Immer «aman», das Wort, das wir am Schluss jedes Gebetes sprechen: Amen. So sicher wie das Amen in der Kirche ist es, dass der Glaube und das Bleiben der Kirche zusammengehören. Kirche ist Glaubensgemeinschaft. Vom Glauben hängt daher ihr Bleiben ab.

Die Zukunft der Zürcher Landeskirche ist nicht in erster Linie eine Frage von Gesetzen und Verordnungen. Sie hängt nicht nur von Strukturen und Finanzen ab – so wichtig dies alles auch ist für eine grosse Institution, die eine halbe Million Menschen umfasst in 179 Kirchgemeinden. Vor allem geht es aber um den Glauben: Glaubt ihr nicht, so bleibt ihr nicht! Es geht um unseren Glauben, um unser Gottvertrauen. Es geht um den Glauben an Jesus Christus, um das Vertrauen auf das Evangelium. Dieser Christusglaube aller Glieder der Kirche und derer, die in ihr besondere Verantwortung tragen, ist das Erste und Wichtigste.

Im kommenden Jahr feiert die Zürcher Kirche den 500. Geburtstag des Reformators Heinrich Bullinger. Bullinger war als Leiter der Zürcher Kirche Nachfolger von Huldrych Zwingli. Weit über Zürich hinaus hat er eine grosse Bedeutung für die Reformierten Europas und Amerikas. Sein Wahlspruch lautete: Solus Christus audiendus, allein Christus muss gehört werden. Allein Christus: Dieses Allein findet sich auch in der Kirchenordnung unserer Landeskirche: «Die Landeskirche ist mit ihren Gliedern allein auf das Evangelium von Jesus Christus verpflichtet. Er ist einziger Ursprung und Herr ihres Glaubens, Lehrens und Lebens» (Kirchenordnung, Art. 4). Allein Christus – dies bedeutete in der Reformationszeit, dass man sich von mancher liebgewonnenen Tradition getrennt hat. Es brauchte Mut damals, dieses «Allein Christus» durchzuhalten. Und es braucht auch heute Mut im persönlichen und kirchlichen Leben: Christus allein! Darum nicht: ein bisschen auf die Politiker oder Parteien hören, etwa was sie so finden zur Abstimmung vom 30. November. Nicht: ein bisschen auf die Finanzexperten hören, bevor die Landeskirche etwas sagt, was die Leute «vertäuben» und zu Kirchenaustritten mit finanziellen Folgen führen könnte. Nicht: ein wenig auf die neureligiösen Strömungen hören, damit auch die Kirche ihren Beitrag leistet zu egozentrischer Selbstverwirklichung.

Solus Christus audiendus – Christus allein muss gehört werden. Wer auf Christus hört, sich an seine Stimme hält, verliert Aug' und Ohr, Herz und Verstand nicht. Er kann gelassen und in Freiheit darauf achten, was in der Welt vorgeht, was in unserer Zeit Not tut, was für heutige Menschen notwendig und darum notwendend ist. Die Landeskirche soll auch in Zukunft eine offene und vielgestaltige Kirche sein. Hier dürfen viele und vieles Platz und Raum behalten. Unterschiedliche Glaubenswege und Frömmigkeitsstile, auch verschiedene gesellschaftspolitische Überzeugungen sind hier zu akzeptieren. Wir dürfen uns daran freuen, dass sich die eine Christuswahrheit in der Vielfalt der Erkenntnis und in der Farbigkeit von Glaubensformen spiegelt. Aber ein gegenseitiges Ausgrenzen und ein Übereinander-schlecht-Reden darf es nicht geben: Die Liberalen finden die Frommen frömmlerisch, und die Frommen reden von den «Ungläubigen», wenn sie auf die eher distanzierten Kirchenmitglieder blicken. Nein, gerade der Christusglaube gebietet uns den Respekt vor dem Anderssein des Andern, innerhalb und ausserhalb unserer Kirche.

Die Stimme Christi für unsere Zeit kommt nicht in der Weise fundamentalistischer Prediger, Ayatollahs und Gurus auf uns zu. Es ist dennoch nicht alles gleich und gleichgültig in einer evangelischen Kirche. Es ist uns aufgetragen, miteinander die Stimme Christi zu erkennen im vielstimmigen Reichtum biblischer Tradition. Und dieser Stimme Christi sollen wir Gehör verschaffen im Stimmengewirr gegenwärtiger religiöser Erfahrung. Glaubt ihr nicht, so bleibt ihr nicht – so anspruchsvoll ist das!

«Welch ist Christi Kilch? Die sin Wort hört. Wo ist die Kilch? Durch das gantz Erdrych hin. Wer ist sy? Alle Gleubigen. Wer kennt sy? Gott.» So hält es Huldrych Zwingli theologisch präzis und zugleich poetisch fest. Kirche ist menschlich-irdische Realität, die den Gesetzmässigkeiten von Institutionen und Einrichtungen unterliegt. Sie ist mitgeprägt von verschiedensten Interessen, Spielball manchmal auch von Geld und Macht. Sie ist auch politischem Kalkül ausgesetzt, wie die gegenwärtige Auseinandersetzung um die Zürcher Kirchenvorlagen zeigt. Zugleich ist die Kirche Geheimnis, eine Wirklichkeit, die sich menschlichen Betrachtungsweisen entzieht, Wirklichkeit, die nur Gott kennt; «Leib Christi», sagt das Neue Testament.

An diese Kirche gilt es zu glauben, sie zu lieben. Das haben uns unsere katholischen Mitchristen oft voraus: die Liebe zur Kirche. Bei uns treten Leute manchmal wegen des «kleinsten Chabis» zur Kirche aus. Katholiken bleiben in ihrer Kirche, auch wenn sie manches zu kritisieren haben. Sie bleiben nach der Devise: Auftreten, nicht austreten! Hier könnten wir Reformierte etwas lernen!

Kritisch in seiner Kirche sein und bleiben – und auch mitarbeiten, darauf ist die Landeskirche angewiesen. Diese Liebe zur Kirche ist – wie die Liebe zu den Menschen – oft Liebe trotz allem! Nicht bei jeder Auseinandersetzung oder Enttäuschung muss dramatisch gefragt werden, wie das ein Theologieprofessor im Titel eines Buches tut: «Ist die Kirche noch zu retten?» Haben wir doch keine Angst, unsere Landeskirche wird von mancher Veränderung geschüttelt werden, aber die Kirche Jesu Christi kann nicht untergehen.

Darum braucht es selbstbewusste, geduldige und auch kritische Kirchenchristen, die je an ihrem Ort Kirche bauen. Lebendige Kirchgemeinden – das ist die Stärke der Landeskirche. Hier wird in Gottesdienst, Unterricht, Seelsorge, Erwachsenenbildung und konkreter Gemeinschaft Kirche gestaltet. Ich erfahre es auch im gegenwärtigen Gespräch mit den politisch Verantwortlichen unseres Kantons: Kirche wird gemessen an der Kirchgemeinde. Kirchenerfahrungen sind Kirchgemeindeerfahrungen, positive, aber leider auch negative.

In der Kirchgemeinde wird gemeinschaftsorientiertes und solidarisches Christsein gestaltet und gelebt. Es braucht die kleinräumige, überschaubare Gemeinschaft im Dorf oder im Quartier, dort, wo man sich kennt, wo man füreinander da ist. Die Kirche im Quartier, die kleine Kirchgemeinde auf dem Land sind wichtig und müssen auch in Zukunft erhalten bleiben. Aber «ennet dem Berg sind auch noch Leute»: Die Zusammenarbeit mit anderen reformierten Kirchgemeinden oder katholischen Pfarreien ist wichtig, sei es in der Jugendarbeit oder in der Erwachsenenbildung. Es braucht durch die Landeskirche über die Kirchgemeinden hinaus kirchliche Präsenz überall dort, wo Menschen einander begegnen, wo sie «vorbeikommen», zum Beispiel im Hauptbahnhof oder am Flughafen, oder dort, wo ein gemeinsames Schicksal sie zusammenführt, an der Arbeitsstelle etwa oder im Spital. Es braucht auch die Präsenz des Protestantismus gesamtschweizerisch, so wie sie vom Schweizerischen Evangelischen Kirchenbund wahrgenommen wird, zu dessen Mitgliedern auch unsere Landeskirche gehört.

Nie dürfen wir vergessen: Kirche, «Leib Christi» ist stets weltweite Gemeinschaft. Die Kirchgemeinden müssen auch durch ihre finanziellen Beiträge und Gottesdienstkollekten verbunden bleiben mit der Landeskirche, mit den evangelischen Werken – den evangelischen Schulen zum Beispiel – und vor allem auch den Missionsgesellschaften und dem Heks, Hilfswerks der Evangelischen Kirchen der Schweiz. Hier wird in Wort und Tat das Evangelium von Jesus Christus leidenden und benachteiligten Menschen weitergegeben.

Aber auch in unserem Land, das sich christlich nennt, es aber weitherum nicht mehr ist, gilt es, die Grundlagen des Glaubens stets neu zu legen. Glauben ist mehr als Wissen. Aber ohne ein elementares Wissen über das Verständnis von Gott und Welt in christlicher Sicht kann evangelische Existenz nicht gelebt werden. Ohne Kenntnis der Gleichnisse Jesu oder der Psalmen, ohne die Zehn Gebote oder die Worte der Bergpredigt, ohne die Berichte vom Leben und Wirken, vom Leiden, Sterben und Auferstehen Jesu Christi – ohne all dies kann christliches Leben nicht gestaltet werden.

Nicht nur bei den Jüngeren ist ein gravierender biblischer Analphabetismus zu beobachten. Generationen evangelischer Christen haben mit biblischen Texten, evangelischem Liedgut und Bekenntnistexten der Reformation gelebt. Am Anfang des neuen Jahrtausends stehen wir vor einem Traditionsabbruch, dessen Ausmass wir noch nicht erfasst haben. Die Kirche hat darum in Unterricht und Erwachsenenbildung neu Gewicht zu legen auf die Weitergabe der biblischen Botschaft. Wir haben uns aber auch dagegen zu wehren, dass der Kanton Zürich mit der Aufgabe des Faches Biblische Geschichte in der Primarschule darauf verzichtet, ein wichtiges abendländisches Kultur- und Bildungsgut jungen Menschen weiterzugeben.

Und das andere, was neben diakonischer Verantwortung, was neben Unterricht und Erwachsenenbildung so wichtig ist: Tragen wir dem Gottesdienst Sorge! Die Zürcher Kirchenordnung bezeichnet den Gottesdienst als «Quellort des Lebens der Gemeinde» (Kirchenordnung, Art. 45). Alte und neue Formen des Gottesdienstes sind zu bedenken und zu praktizieren. Das neue Gesangbuch kann hier in seiner ökumenischen Weite Hilfe und Anleitung sein.

Kirchen und Gottesdienste sind für mehr Menschen als nur für die allsonntäglichen Kirchgänger eine Heimat. Oft ist fahrlässig davon die Rede, wir sollten Gottesdienste zusammenlegen und zentralisieren, Gottesdienste mit wenig Teilnehmenden also aus ökonomischen Gründen einstellen. Aber solange im Dorf, im Quartier die Glocken zum Gottesdiensten rufen, ist die Kirche präsent. Aber offene Kirchenräume, auch ausserhalb der Gottesdienstzeiten, sind wichtig. Die Kirchen mit ihren Türmen und meditativen Innenräumen sind in weithin entkirchlichten Städten und Dörfern Zeichen der Gegenwart Gottes.

«Gott loben, das ist unser Amt», auch wenn sich das nicht in klingende Münze umrechnen lässt. Ein Gottesdienst ist ein Wert in sich selber. Sein «Nutzen» lässt sich nicht an der Anzahl Gottesdienstbesucher messen. «Es hat doch keinen Sinn, in kleinen Kirchgemeinden jeden Sonntag Gottesdienst zu halten», sagt mir jemand. «Das Auto beim Dorfbrunnen genügt für die Fahrt ins nächste Dorf, ins andere Quartier. Und alle vierzehn Tage Gottesdienst halten genügt.» Aber wie soll der Sonntag Tag der Begegnung, arbeitsfreier Tag bleiben, wenn ihn die christliche Gemeinde nicht mehr gottesdienstlich begeht? Die Würde des Sonntags hängt nicht zuletzt davon ab, ob wir eine gottesdienstliche Kirche bleiben und es neu werden!

Es geht zutiefst um das, was Dietrich Bonhoeffer in den Schrecken des Zweiten Weltkrieges als die dringlichste Aufgabe von Kirche und Christen erkannt hat: das Gebet und das Tun des Gerechten. Es gilt in allen Bereichen der Landeskirche, und darum auch in den Kirchgemeinden, eine diakonische und missionarische Kirche zu sein, eine Kirche, die durch ihr Wort und Wirken Menschen zum Glauben an Jesus Christus ruft: Glaubt ihr nicht, so bleibt ihr nicht! Zu dem allem braucht es unseren Einsatz, unser Mittun und Mitbeten. Und doch, von uns Kirchenchristen hängt, gottlob, die Zukunft der Kirche nicht ab. Wenn wir da das Menschenmögliche getan haben, dann dürfen wir getrost mit Martin Luther sagen: «Wir sind es doch nicht, die da die Kirche erhalten könnten. Unsere Vorfahren sind es auch nicht gewesen. Unsere Nachfahren werden's auch nicht sein; sondern der ist's gewesen, ist's noch und wird's sein, der da sagt: Siehe, ich bin bei euch alle Tage bis an der Welt Ende.» Amen

Predigt zum Reformationssonntag
Stefanskirche, Zürich Hirzenbach, 2. November 2003

Auf das Evangelium
und auf die Menschen hören

Glaubt ihr nicht, so bleibt ihr nicht, sagt Jesaja. Das tönt wie eine Drohung...

Jesaja droht nicht. Er mahnt. Sein Prophetenwort spricht in eine schwierige Situation hinein. Er warnt vor politischem Taktieren und Lavieren und ruft auf zum Gottvertrauen, zum Vertrauen trotz allem.

In der vorliegenden Predigt beschwören Sie den Glauben. Ist also in der Kirche kein Raum für Zweifel und Fragen?

Ich beschwöre den Glauben nicht, sondern lade, wie Jesaja, zum Glauben ein. Biblischer Glaube nimmt auch den Zweifel ernst. Das zeigen die Psalmen deutlich: Der Glaubende ist immer auch ein angefochtener, ein zweifelnder Mensch. Von diesem biblischen Realismus ist auch die reformierte Auffassung von Kirche geprägt. Auch in der Kirche gibt es Vertrauen und Zweifel. Als Reformierte verherrlichen wir darum die Kirche nicht. Wir sind uns bewusst, dass die real existierende Kirche auch eine sehr menschliche Institution ist. Dennoch glauben wir, dass Gott sie als Instrument seines Wirkens gebrauchen will.

Zweifeln Sie nicht manchmal an der Existenz eines so wirkenden und lenkenden Gottes?

Doch. Wer hört, dass, wie kürzlich, bei einem Erdbeben in Iran mehr als zwanzigtausend Menschen, Kinder, Frauen, Männer, ums Leben kommen, der ist schlagartig konfrontiert mit der Frage nach dem gütigen, lenkenden Gott, der in den Kirchenliedern besungen wird. Diesem Zweifel bin auch ich ausgesetzt. Der frühe Tod meines Vaters hat meiner unbeschwerten Jugendzeit ein abruptes Ende bereitet und in mir das kindliche Gottvertrauen erschüttert. Während des Theologiestudiums war ich zudem mit der Krankheit und dem Tod eines meiner Brüder konfrontiert. Auch hier wieder die Frage nach dem

Warum. Dieselbe Frage hat sich mir später im Pfarramt, beim seelsorgerlichen Begleiten von leidenden Menschen, immer wieder gestellt.

Haben Sie eine Antwort gefunden auf diese quälende Frage?

Auf diese Frage gibt es meines Erachtens keine Antwort, obwohl in Theologie und Philosophie immer wieder Antworten konstruiert werden. Aber ich halte alle Versuche, durch Gedankensysteme eine Antwort auf das Warum des Leidens zu finden, für verfehlt. Es besteht dabei die Gefahr, dass wir vorgeben, die Widersprüche des Lebens erklären und auflösen zu können. Dies kann uns Menschen aber nicht gelingen. Persönlich hat mir der Zuspruch des Evangeliums weitergeholfen, dass Gott durch Christus mit den Menschen, ja mit seiner ganzen Schöpfung mitleidet.

Ergibt sich daraus nicht eine sehr minimalistische Theologie?

Keineswegs. Es ist damit die Mitte, der Fokus christlicher Theologie angesprochen: Kreuz und Auferstehung Jesu Christi. Von dieser Mitte her hat sich die Theologie dann sehr wohl Gedanken über Gott und die Welt zu machen. Theologie, im Besonderen Kirchengeschichte und Systematische Theologie, hat mich seit meiner Mittelschulzeit durch alle Jahrzehnte hindurch fasziniert. Das Existenzielle und Leidenschaftliche theologischen Denkens ist nicht einfach ein Spezialgebiet von Fachtheologen, sondern gehört zentral zum Wesen und Auftrag der Kirche. Unsere Kirche krankt meines Erachtens nicht an zuviel, sondern oft an zu wenig theologischem Denken und Forschen. Aber gerade gute und selbstbewusste Theologie ist sich der Grenzen menschlichen Erkennens bewusst. Albert Schweitzer hat am Schluss eines umfangreichen theologischen Werkes darauf hingewiesen, dass wir alle – wie die Jünger Jesu – immer wieder am Anfang stehen: Christus am See Genezareth ruft uns in seine Nachfolge. Glaube und Zweifel treiben uns um, aber Christus ruft uns mit jedem Tag neu. Und er wird uns am Ende unserer Tage zu sich rufen und einen neuen, ewigen Anfang setzen.

Sie rufen in Ihrer Predigt dazu auf, die Kirche zu lieben.
Warum genügt es nicht, den lieben Gott zu lieben?

Die Kirche ist «Vehikel», Instrument, durch welches Gott in diese Welt hineinwirkt. Die verschiedenen Konfessionen gewichten diesen instrumentalen Charakter der Kirche unterschiedlich. In der katholischen Kirche wird die Bedeutung der institutionellen Kirche und der von ihr gespendeten Sakramente hervorgehoben. Reformierte Theologie stellt die Kirche weniger ins Zentrum. Die Kirche ist da primär eine Institution, die dem einzelnen Menschen eine lebendige, selbstverantwortete Gottesbeziehung ermöglichen soll. Damit sind Mündigkeit und Verantwortung des einzelnen Christen ernst genommen. Aber gerade in der heutigen Zeit, in der Individualismus und Entsolidarisierung überhand nehmen, scheint es mir wichtig zu sein, dass auch den Reformierten bewusst ist, dass der Gemeinschaftscharakter unabdingbar zum christlichen Glauben gehört. Glaube ist keine private Beziehung zwischen mir und Gott. Zum christlichen Glauben gehört das Leben in der Gemeinde, die Liebe zur Kirche. Zum Glauben gehört die Gemeinschaft mit verschiedensten Menschen, die ich mir nicht selber ausgewählt habe. Zum Glauben gehört das Miteinander-unterwegs-Sein. Ein Rabbiner sagt es so: «Heilig sein funktioniert nur im Plural.»

Viele Menschen sehen dies heute anders. Das Bedürfnis nach der «Gemeinschaft der Gläubigen» hat dramatisch abgenommen. Jedes Jahr verliert die Zürcher Kirche etwa dreitausend Mitglieder.

Lamentieren hilft nicht. Unsere Kirche wird kleiner. Dies auch aus demografischen Gründen: Im Gegensatz zur katholischen Kirche haben die Schweizer Reformierten praktisch keinen Mitgliederzuzug aus dem Ausland gehabt. Was nun aber die Austritte betrifft, muss uns bewusst sein, dass die Menschen heute individuell entscheiden, ob sie zur Kirche gehören wollen oder nicht. Früher war dies anders. Die Kirchenmitgliedschaft war eine gesellschaftliche Konvention. Die Menschen waren oft Mitglieder der Kirche, weil sich dies so gehörte.

Diese Konvention ist weggefallen. Heute verliert niemand mehr an gesellschaftlichem Ansehen, wenn er demonstrativ zur Kirche austritt. Dies ist eine neue Situation, der sich die Kirche realistisch und gelassen zu stellen hat.

Faktisch leben wir doch bereits in einer nachchristlichen Gesellschaft.

Das sehe ich anders. Obwohl es keine gesellschaftliche Konvention mehr ist, gehören fast drei Viertel der Zürcher Bevölkerung zu einer der beiden grossen Kirchen. Politische Parteien und andere Gruppierungen beziehen sich auf christliche Grundwerte. Und auch in Kultur und Öffentlichkeit sind christliche Themen und Symbole präsent.

Aber im ehemals reformierten Kanton Zürich sind nur noch gut vierzig Prozent der Bevölkerung reformiert. Trotzdem tritt die reformierte Kirche noch immer mit dem Anspruch auf, eine «Landeskirche» und «Volkskirche» zu sein.

Landeskirche, Volkskirche – das heisst nicht einfach Mehrheitskirche, Kirche, die das ganze Volk umfasst. Eine Volkskirche ist eine Kirche, die offen ist für das ganze Volk. Sie ist Kirche, die sich nicht nur ihren Mitgliedern zuwendet, sondern in Verkündigung, Seelsorge und sozialdiakonischen Leistungen für eine breite Öffentlichkeit da ist – auch für Menschen, die ihr nicht angehören, ja auch für solche, die aus der Kirche ausgetreten sind.

Aber ist es möglich, selbst in einer ausgeprägten Minoritätssituation «Volkskirche» zu sein?

Es ist zu hoffen, dass dies möglich ist. Die nächsten dreissig oder vierzig Jahre werden dies zeigen. Die Erfahrungen in Genf sind zwiespältig. Die Genfer Kirche wurde nicht zu einer Freikirche, obwohl sie nur noch einen Fünftel der Bevölkerung umfasst. Sie ist eine ausgeprägte «église minoritaire», eine Minderheitskirche. Sie versteht sich aber dennoch als «église multitudiniste», als eine vielgestaltige, offene Kirche, in welcher verschiedene Frömmigkeitsstile Platz haben. Wie in den anderen Schweizer Landeskirchen wird bei der Mitgliedschaft nicht auf ein bestimmtes Bekenntnis abgestellt. Die Menschen fühlen sich in unterschiedlichen Lebensabschnitten auch dieser Kirche unterschiedlich nah. Obwohl seit bald hundert Jahren vom Staat getrennt, bietet die Genfer Kirche in typisch landes-kirchlicher Weise seelsorgerliche und soziale Dienste der gan-zen Bevölkerung an. Wie die Freikirchen kennt die Genfer Kir-che nur freiwillige Kirchensteuern. Im Unterschied aber zu den Freikirchen geht bei ihr nur ein Bruchteil der erwarteten Bei-träge ein. Es wird sich auf die Dauer also erst zeigen müssen, ob die Genfer Kirche in einer solch ausgeprägten Minoritätssi-tuation Volkskirche bleiben kann.

Der Charakter einer Kirche wird nicht zuletzt durch de-ren Finanzen bestimmt. Wenn die Zürcher Kirche von heute auf morgen keine Beiträge mehr vom Staat und von der Wirtschaft erhalten würde, würde dies zu massiven Veränderungen führen.

Das ist so. Darum setzen wir uns dafür ein, dass unsere Kirche nicht privatisiert wird. Die Landeskirche hat einen Auftrag der ganzen Gesellschaft gegenüber. Um diesen zu erfüllen, braucht es auch Geld. Wenn die Kirche allerdings vom Geld redet, hört man schnell die hämische Feststellung: Aha, der Kirche geht es auch nur ums Geld. Wenn eine andere Institution, zum Beispiel die Universität, auf die nötigen Finanzen hinweist, behauptet niemand, der Universität gehe es nur ums Geld. Meistens leuch-tet es den Leuten ein: Bildung braucht und schafft Fachleute, und Fachleute kosten Geld. Dies gilt auch für die Kirche. In un-serer Kirche arbeiten zwar Tausende von Menschen freiwillig und ohne Entschädigung. Dennoch braucht es in der Kirche gut ausgebildete Fachleute, nicht zuletzt auch für die Begleitung der vielen Freiwilligen. Viele Dienste der Kirche müssen durch Fachpersonen erbracht werden. Denken wir etwa an Verkündi-gung und Seelsorge, Jugendarbeit und Sozialhilfe, Kirchenmu-sik, Verwaltung und Gebäudeunterhalt. Die Kirche darf und muss darauf hinweisen, dass dies alles Geld kostet.

Vielen Menschen ist dies offenbar zu wenig bewusst.

Darum müssen wir vermehrt die Leistungen der Kirche transparent machen und den Menschen aufzeigen, dass wir dies alles nur tun können, wenn sie die kirchliche Arbeit weiterhin über Kirchensteuern, Kollekten und Spenden mittragen. Ohne dieses kirchliche Wirken wäre unsere Gesellschaft kälter und anonymer, als sie es ohnehin ist.

Müsste die Kirche nicht offensiver werden? Etwa Werbekampagnen lancieren oder Evangelisation betreiben?

Warum nicht! Aber das Allerwichtigste sind nicht diese oder jene Events oder Kampagnen, entscheidend ist, dass kirchliche Mitarbeiterinnen und Mitarbeiter auf die Menschen zugehen und mit ihnen ins Gespräch kommen. Die wichtigste Voraussetzung für den kirchlichen Dienst ist, dass man die Menschen liebt, dass man gern mit Menschen zusammen ist und auch bereit ist, auf ihre Freuden, Sorgen und Nöte einzugehen. Manchmal denke ich, wie es wäre, wenn man für ein halbes Jahr alle kirchlichen Aktivitäten verbieten würde. In dieser Zeit hätte die ganze kirchliche Mitarbeiterschaft nur eine einzige Verpflichtung: Hausbesuche. Hier, wo die Menschen zuhause sind, würden die Kirchenleute vielleicht mehr über Wohl und Wehe der Menschen erfahren als in manchen kirchlichen Weiterbildungskursen oder aus ganzen Bergen von Fachliteratur. Umgekehrt würden die Menschen erfreut feststellen: Die Kirche kommt zu uns, wir sind ihr nicht gleichgültig.

Ein Gedankenspiel. Aber welche Massnahmen könnten denn realistisch sein?

Zum Beispiel Kircheneintrittsstellen wie in Deutschland. Es gibt nichts Einfacheres als einen Kirchenaustritt. Ein Satz, eine Unterschrift. Der Eintritt hingegen oder der Wiedereintritt in die Kirche wird oft als kompliziert empfunden. Hier sollten Schwellen gesenkt und Hemmungen abgebaut werden. Aber ich setze nicht in erster Linie auf bürokratische Massnahmen. Den Inhalt, das Evangelium, gilt es wieder unter die Leute zu bringen. Wie die Freikirchen, aber vielleicht anders im Auftritt, sollte die Landeskirche auch evangelistisch tätig sein. Der Einwand, man gewinne dadurch ohnehin nur die «Frommen», stört mich nicht. Auch diesen soll die Kirche eine Heimat sein. Leider haben sich viele pietistisch gesinnte Menschen in den letzten dreissig Jahren Freikirchen zugewandt. Dabei hat doch die Landeskirche während gut zweihundert Jahren vom Pietismus immer wieder wertvolle theologische und diakonische Impulse erhalten. Zu einer lebendigen Landeskirche gehört auch pietistische Frömmigkeit.

Nun gibt es aber evangelikal geprägte Christen, die aus der Landeskirche am liebsten eine Freikirche machen möchten. Ihre Erwartung ist: weniger Mitglieder, dafür ein klares Profil.

Ja, und nicht nur sie behaupten, die Abschaffung der Volkskirche würde automatisch zur Belebung des kirchlichen Lebens führen. Als leuchtendes Beispiel wird uns dann Amerika vor Augen geführt. Die amerikanische Kirchenlandschaft ist tatsächlich beeindruckend, obwohl auch sie ihre problematischen Seiten hat. Ich denke etwa an die Verbindung von konservatier Frömmigkeit und ebensolcher Politik. Aber Amerika ist nicht mit Mitteleuropa zu vergleichen. Amerika ist von einer anderen Geschichte, Kultur und Mentalität geprägt. Es ist daher naiv, zu glauben, dass bei uns die Umwandlung der Landeskirche in eine Freikirche zu einer lebendigeren Kirchenlandschaft führen würde. Es hängt nicht alles am Geld und an den Strukturen. Kirche kann in sehr verschiedener Weise existieren. Krisen können heilsam sein, aber auf eine Krise der Kirche folgt nicht in jedem Fall ihre Belebung. Denken wir etwa an die damalige romantische Verklärung der Kirche in kommunistisch beherrschten Ländern. Wo die Kirche unterdrückt und verfolgt wird, da lebt sie auch, konnte man immer wieder hören. Es ist wahr: Als verfemte Minderheit haben Christinnen und Christen viel gelitten und ein eindrückliches Zeugnis des Glaubens gegeben. Und doch, vieles wurde auch abgewürgt. Eine verfolgte Kirche ist nicht in jedem Fall eine lebendigere Kirche. Bedrückung schränkt oft die geistige Auseinandersetzung ein und kann zu einer Einigelung führen. Eine solche Kirche ist dann schlecht gerüstet für ihren Auftrag in einer offenen Gesellschaft. Dies zeigt sich zum Beispiel im heutigen Russland.

Ich denke, dass die Kirche in einer Doppelkrise steckt. Sowohl die Formen als auch die Inhalte überzeugen nicht mehr. Jüngere Menschen können darum mit dem Sonntagmorgengottesdienst nicht mehr viel anfangen. Wenn überhaupt, gehen sie lieber dorthin, wo der Gottesdienst als multimediale Show zelebriert wird ...

Man kann heute kaum mehr von «den Jungen» oder «den Alten» sprechen. In unserer Gesellschaft gibt es eine bunte Vielfalt von Lebensstilen und Lebensformen, die quer durch die Generationen verlaufen. Es herrscht eine «postmoderne» Unübersichtlichkeit. Es gibt junge Menschen, die sich von charismatisch-modischen Freikirchen angezogen fühlen. Andere engagieren sich in traditionellen Kirchen und Freikirchen, weil da auch ihre Eltern eine geistliche Heimat gefunden haben. Aber es stimmt, Freikirchen gelingt es mit ihrem intensiven Gemeindeleben oft besser, junge Menschen anzusprechen, als der Landeskirche. Die Landeskirche kann also von Freikirchen durchaus einiges lernen. Ein Grundgesetz gilt allerdings für freikirchliche und landeskirchliche Gemeinden: Wer da hat, dem wird gegeben. Eine Gemeinde, die lebt, zieht Menschen an. Im Zeitalter der Mobilität sind Distanzen kein Problem mehr. Man findet sich dort ein, wo etwas «läuft».

Ist die Landeskirche nicht zu wenig mutig, um mit unkonventionellen Formen auch junge Menschen anzusprechen?

Eine gewisse Zurückhaltung, neue Wege zu gehen, ist zu beobachten. Aber wenn die Kirche unterschiedliche Menschen ansprechen will, muss sie auch unterschiedliche Sprachen sprechen. In einer pluralistischen Gesellschaft muss auch die Kirche pluralistisch sein; offen auch für neue Formen, Farben, Klänge. Auch jede Kirchgemeinde darf ihr Profil und ihre Besonderheit haben. Dabei soll aber das Gemeinsame und Verbindende erkennbar bleiben.

Der Pluralismus äussert sich heute ja nicht zuletzt in den unterschiedlichsten Musikstilen.

Ja. Das Spektrum der Kirchenmusik war noch nie so breit wie heute. Da gibt es die klassische Orgelmusik und den Choral, altorthodoxe Hymnen und zeitgenössische Motetten, Bach-kantaten und Jodlermessen, Blasmusik und rockigen Gospelgesang. Hier darf und soll unbefangen experimentiert werden. Musik ist darum so wichtig, weil sie Menschen unmittelbar anspricht und mit ihren Emotionen in den Gottesdienst hineinnimmt. Dies kann auch ganz traditionell geschehen. Ich denke etwa an die Silvestergottesdienste in meiner damaligen Kirchgemeinde. Nach der namentlichen Abkündigung der Verstorbenen des ganzen Jahres intonierte der Musikverein das Lied «Näher mein Gott zu dir». Dies war stets ein berührender Moment. Mehr als tausend Worte liess dies die Gemeinde erfahren: Wir gehören zu Gott, im Leben und im Sterben. Solche und ähnliche Erfahrungen der Geborgenheit kann jede in den Gottesdienst integrierte Musik auslösen und vertiefen.

Führt Pluralismus nicht zur Beliebigkeit? Verliert die Kirche nicht ihr Profil, wenn in ihr alles möglich ist?

Diese Profilfrage ist heute wichtiger denn je. Im Grossraum Zürich gibt es unzählige religiöse Gemeinschaften, die mit ihren Angeboten in einem Konkurrenzverhältnis stehen. Darum ist es wichtig, dass auch unsere Kirche ein Gesicht und ein Profil hat. Die Landeskirche darf sich nicht «verfransen», sondern hat sich immer wieder auf ihre Kernaufgabe zu besinnen: auf die Verkündigung des Evangeliums in Wort und Tat. Es geht um Spiritualität und Solidarität, welche gegenseitig aufeinander bezogen sind. Und es geht um den Aufbau einer lebendigen, auch emotional geprägten Gemeinde.

Aber viele alte theologische Aussagen sind doch heute für die Menschen nicht mehr plausibel.

Der Zeitgeist entscheidet nicht über die Wahrheit des Evangeliums. Wir haben es zu verkünden «zu gelegener und zu ungelegener Zeit» (2. Timotheusbrief 4, 2). Das Evangelium darf aber nicht mit irgendeiner theologischen Doktrin verwechselt werden. Hier ist mir das Neue Testament Vorbild. Seine Grundaussage ist die liebende Nähe Gottes zum Menschen.

Diese Botschaft wird uns in Gleichnissen und Erzählungen, Überlegungen und Visionen weitergegeben. Das ermutigt uns, das Evangelium auch heute verschiedenartig und situationsbezogen weiterzugeben. Dazu braucht es eine direkte und unmittelbare Sprache, die die Menschen verstehen können und sie anrührt. Wenn wir nahe bei den Menschen sind, verstehen sie auch alte Worte und Zeichen der Christenheit. Wenn ich mit einem Ehepaar über die Taufe rede, so versteht es durchaus, was die Kirche mit diesen grossen Worten und den paar Wassertropfen meint: Ihr Kind wird getauft im Namen Gottes des Schöpfers, im Namen Jesu, der Gottes Nähe schenkt, und im Namen des Heiligen Geistes, der Kraft, die die Menschen ins Leben ruft. Wer ein Kind auf den Armen hält, versteht dies ohne grossartige theologische Exkurse. So ist es immer in der Verkündigung: Die Nähe zu den Menschen, die Liebe zu den Menschen entscheidet.

Aber religionssoziologische Untersuchungen zeigen, dass die Frömmigkeit der Menschen diffus geworden ist und dogmatische Formeln kaum mehr geglaubt werden.

Menschen mit «diffuser Frömmigkeit» sind oft auch Menschen, die offen sind für die Frage nach dem Sinn des Lebens. Mit ihnen im Gespräch zu sein, ist etwas Spannendes und Beglückendes. Aber es stimmt, diese Menschen lassen sich kaum mehr auf vorgegebene Glaubenssätze verpflichten. Aber dogmatische und theologische Sätze sollen ja den Menschen nicht einfach an den Kopf geworfen werden. Die Auseinandersetzung mit ihnen soll vielmehr den Theologen Massstab und Richtschnur sein für eine verantwortliche Verkündigung. In einer Zeit, in der sich jeder «seinen Herrgott selber zimmert», ist die Gefahr gross, dass dies auch die Theologen tun. Und genau dies führt zu einer Banalisierung der Verkündigung. Daran krankt unsere Kirche heute mehr als am Dogmatismus. Christlicher Glaube wird zu einem «dünnen Süpplein», dem jede Brisanz abgeht. Die Zumutung, die im Evangelium steckt, der Appell zur Umkehr im persönlichen und im gesellschaftlichen Bereich, auch die unlösbare Spannung zwischen Gericht und Gnade werden da völlig ausgeblendet. Das

Evangelium hat aber immer beide Seiten: den Zuspruch und den Anspruch.

In der Predigt verweisen Sie auf den Wahlspruch Heinrich Bullingers: Solus Christus audiendus, Christus allein soll gehört werden.

Dieses Wort Bullingers wird mir immer wichtiger. Das klassisch reformatorische «Solus Christus, Christus allein» könnte zu einer dogmatischen Formel erstarren. Bullinger aber betont das Hören auf Christus; also auf die Gleichnisse Jesu hören, auf die Bergpredigt hören und damit stets neu den Zuspruch und den Anspruch des Evangeliums entdecken und ernst nehmen. Reformationshistoriker sagen, dass bei diesem Wahlspruch Bullingers ein Wortspiel anklingt: Auf Christus hören heisst «ihm gehören», «auf ihn horchen», «ihm gehorchen». Darum und nur darum geht es.

Apropos Reformation ... Es gibt Stimmen, die sagen, eigentlich hätte die Kirche eine neue Reformation nötig.

Reformation ist ein grosses Wort. Ich wäre schon froh, wenn wir zu ein paar wichtigen Reformen fähig wären. Ich halte es zum Beispiel für dringend nötig, dass bald fünfhundert Jahre nach der Reformation die Landeskirche endlich auch für die ökonomischen Verhältnisse der Pfarrerschaft, also für die Pfarrbesoldung, zuständig wäre. Es ist auch angezeigt, dass kirchliche Berufe, welche in den letzten siebzig Jahren entstanden sind, also der diakonische, katechetische und der kirchenmusikalische Dienst, endlich die entsprechende landeskirchliche Wertschätzung erhalten.

Die Landeskirche scheint ein schwerfälliger Dampfer zu sein. Ist der Leidensdruck noch zu klein, um ein paar Reformen anzugehen?

Ich glaube eher, dass dies mit einer – zum Teil verständlichen – Angst vor Veränderungen zusammenhängt. Dies wurde bei der Auseinandersetzung um ein neues Kirchengesetz im Herbst 2003 deutlich. Ängste von kirchlichen Behörden und Mitarbeiterschaft haben wohl mit dazu beigetragen, dass dieses kantonale Gesetz abgelehnt wurde. Es waren Ängste vor finanziellen Einbussen und Prestigeverlust, aber auch die Angst, eigene «Gärtchen» und «Königreiche» zu verlieren. Ja sogar Angst vor einer stärkeren Autonomie der Landeskirche, wie sie reformierter Ekklesiologie entsprechen würde, war hier zu spüren. Die Landeskirche ist doch keine Verwaltungsabteilung des Staates. Aber goldene Ketten werden manchmal auch geliebt.

Reformen gibt es eben nur, wenn man den nötigen Mut dazu aufbringt.

So ist es. Man kann keine Reformen durchführen, ohne Menschen auch Unsicherheiten und Unwägbarkeiten zuzumuten. Es braucht tatsächlich Mut, Verunsicherungen auszuhalten und darauf zu vertrauen, dass neue Wege auch neue Möglichkeiten eröffnen.

Gibt es nicht einen gewissen Unmut, weil es bei den anstehenden Reformen primär um Strukturfragen und Reglemente geht?

Die Skepsis gegenüber dem technokratischen Denken teile ich. Ich glaube nicht, dass Strukturen, Reglemente und Ordnungen die Landeskirche reformieren, ja beflügeln können. Gesetze schaffen kein Leben. Leben kann durch sie höchstens strukturiert werden. Wichtiger scheint mir darum, dass wir uns neu über das Evangelium verständigen und eine theologische Leidenschaft entwickeln, die überzeugend wirkt und eine Ausstrahlung hat. Das bedeutet Reformation: den Bezug zum Evangelium immer wieder suchen. Dazu gehört auch, möglichst nahe bei den Menschen zu sein und das Evangelium durch Wort und Tat in die heutige Zeit zu übersetzen. So verstanden ist die Reformation eine permanente Aufgabe der reformierten Kirche.

Aber die Zeit der traditionellen Volkskirchen ist doch eigentlich vorbei.

Nein. Volkskirche lebt vielerorts. Beim gegenwärtigen rasanten gesellschaftlichen Wandel ist es aber denkbar, dass das Modell «Volkskirche» in ein paar Jahrzehnten zu Ende geht. Aber das kümmert mich nicht. Ich glaube nicht an die Volkskirche, sondern an das Evangelium. Ich setze mich zwar dezidiert für die Volkskirche ein, weil sie uns viele Möglichkeiten der Verkündigung und Diakonie eröffnet. Das Evangelium aber schenkt mir die Gelassenheit, mich für etwas einzusetzen, das vielleicht in dreissig oder vierzig Jahren keine Bedeutung mehr hat.

In Italien sind die Waldenser eine verschwindend kleine Minderheit. Aber sie haben eine «Theologie des Salzes» entwickelt. Sie wollen als kleine Minderheit aktiv in die Gesellschaft hineinwirken. Ist dies das Zukunftsmodell?

Das ist denkbar. Die Waldenser sind eine kleine Minderheit mit grosser Wirkung. Wenn ich etwa an Tulio Vinay und sein Wirken in Sizilien denke, so habe ich vor der Waldenserkirche grossen Respekt. Aber auch sie hat ihre Schattenseiten. Als marginalisierte, kleine Kirche ist sie – bei allem Engagement – oft stark mit sich und ihren Strukturen beschäftigt.

Aber der Gedanke, dass Christen «Salz der Erde» sein sollen, ist doch gut biblisch.

Ja, auch unsere Landeskirche muss sich immer wieder darum bemühen, «Salz der Erde», «Licht der Welt» zu sein. Das ist ein Merkmal der Kirche, dass sie sich nicht selber genügt, sondern für die Menschen da ist. Aber als öffentlich-rechtliche Institution mit den entsprechenden Ressourcen kann sie diese Aufgabe besser erfüllen als in einer Situation, in der die Kirche selber randständig und marginal ist.

Bleiben wir noch kurz beim «Salz der Erde». Wie kommt die Kirche zu diesem «Salz»?

Durch die intensive Auseinandersetzung mit dem Evangelium. Dies ist die wichtigste Aufgabe der Theologie. Sie kann aber nicht einfach an die Theologinnen und Theologen delegiert werden. Die Auseinandersetzung mit dem Evangelium betrifft jeden von uns. Hier geht es um das, was man heute Spiritualität nennt: das persönliche Gebet, die Auseinandersetzung mit Bibel und Gesangbuch, die berühmte «Viertelstunde», die man jeden Morgen einhalten sollte. Vor einigen Jahren erklärte mir ein afghanischer Ingenieur: «Ich bin seit bald dreissig Jahren in der Schweiz. Ich kann es mir von meinem Beruf her nicht leisten, alle fünf islamischen Gebetszeiten einzuhalten. Aber mein Morgengebet habe ich in all diesen Jahren kein einziges Mal versäumt.» Gerne hätte ich geantwortet: «Ich auch nicht.» Aber ich schwieg. Denn mir wurde bewusst, wie sehr ich in meinem Leben immer wieder um regelmässige Zeiten der Stille und der Andacht kämpfe.

In Ihrer Predigt sagen Sie, je stärker wir auf Christus hin zentriert seien, desto grösser sei unsere Offenheit. Ist dies nicht eher Wunschdenken als Realität?

Ich kann es nur persönlich sagen. Je näher ich bei Christus bin, desto näher bin ich bei den Menschen. Je stärker ich mich vom Evangelium getragen weiss, desto offener werde ich für das Gespräch mit Menschen anderer Konfessionen und Religionen. Fundamentalisten und Ideologen hingegen erlebe ich oft als unsichere Menschen, die ständig meinen, Gott oder was sie dafür halten, verteidigen zu müssen. Aber Gott kommt schon zu seinem Ziel – mit mir und auch ohne mich.

Der Glaube ist also kein in sich geschlossenes System?

Glaube ist keine Ideologie, mit der sich alles erklären lässt. Glauben heisst, auch in den Widersprüchen des Lebens Gott zu vertrauen. Zu diesem Glauben gehört wie ein Zwillingsbruder der Zweifel: «Ich glaube – hilf meinem Unglauben» (Markus 9, 24). Darum ist mir die Volkskirche so lieb. Ich halte sie für etwas Urevangelisches, weil in ihr auch der Zweifel und die Zweifelnden Raum haben.

Als ein Unbekannter und Namenloser kommt Jesus zu uns, wie er am Gestade des Sees an jene Männer, die nicht wussten, wer er war, herantrat. Er sagt dasselbe Wort: Du aber folge mir nach! und stellt uns vor die Aufgaben, die er in unserer Zeit lösen muss. Er gebietet. Und denjenigen, welche ihm gehorchen, Weisen und Unweisen, wird er sich offenbaren in dem, was sie in seiner Gemeinschaft an Frieden, Wirken, Kämpfen und Leiden erleben dürfen, und als ein unaussprechliches Geheimnis werden sie erfahren, wer er ist.

Albert Schweitzer

So Gott will

Nun wohlan, die ihr sagt: Heute oder morgen wollen wir in die und die Stadt ziehen und wollen daselbst ein Jahr zubringen und Handel treiben und Gewinn machen – ihr wisst ja nicht, wie es morgen um euer Leben steht! Denn ein Hauch seid ihr, der eine kleine Zeit sichtbar ist, hernach auch wieder verschwindet. Anstatt dass ihr sagtet: Wenn der Herr will und wir leben, wollen wir dies oder jenes tun. Jetzt aber rühmt ihr euch in euren Prahlereien. Jedes derartige Rühmen ist böse. Wer nun weiss, Gutes zu tun, und tut es nicht, dem ist es Sünde.

Jakobusbrief 4, 13–17

Liebe Gemeinde

Der erste Morgen des neuen Jahres. Wir haben uns entschieden, ihn in diesem ehrwürdigen Gotteshaus zu verbringen. Der erste Morgen des neuen Jahres: Singen und Beten, Musik und Bibellesung, Gebet und Predigt – all das ist uns vertraut. Neu ist nur die letzte Ziffer bei der Jahrzahl: 2004. Am ersten Morgen des neuen Jahres also nicht etwas Neues, nie Dagewesenes, nicht das «Non plus ultra», nicht der «Ultramegakick». Am ersten Morgen des neuen Jahres das Vertraute, das, was trägt, das, womit Generationen gelebt haben und gestorben sind: Gottes Wort.

Negativ könnte man sagen: 2004, das neue Jahr – das alte in neuer Auflage: die alte unselige Polarisierung in der schweizerischen Politik, die alten religiösen, sozialen und ökonomischen Gegensätze weltweit. Die alte Weisheit, dass sich im Kleinen wie im Grossen letztlich alles um Geld, Macht und Ehre dreht. Das Neue der Menschen bleibt immer das Alte: 2004 – eine weitere Strophe des ewig alten Liedes?

Ja und nein. Vom neuen Jahr erwarten wir keine Wunder. Und doch: Wer das neue Jahr mit Gottes Wort und Gottes Nähe anfängt, der erwartet durch alles Werden und Vergehen hindurch die Begegnung mit dem Einen, der uns ins Leben gerufen hat, die Wegweisung des Einen, der bleibt in allem Werden und Vergehen: «Jesus Christus ist gestern und heute derselbe und in Ewigkeit» (Hebräerbrief 13, 8).

Merkwürdig hart und bedrohlich tönt nun aber das Wort, das nach kirchlichem Brauch über diesem Neujahrsmorgen

2004 steht: «Wenn der Herr will und wir leben» (Jakobus 4, 14). Ein unüberhörbares Memento mori, ein «Denke daran, dass du sterben wirst», tönt uns in diesem Wort entgegen: «Wenn der Herr will und wir leben.» Und wenn er nicht will? Was bringen uns die 366 Tage, die im noch vollständigen Kalenderblöcklein vor uns liegen? Was wird sein, wenn das Blöcklein dünn geworden ist, das letzte Blatt abgerissen? Und wird eines für uns gar das letzte Blatt sein? Nachdenklich sind unsere Gedanken geworden. Dabei wollten wir doch den Neujahrsmorgen nur einer liebgewordenen Gewohnheit entsprechend im Fraumünster zubringen.

In einer praktisch-theologischen Handreichung lese ich, am Neujahrsmorgen kämen nur wenige Menschen in die Kirche. Ja, wer hätte dies gedacht? Diese aber kämen mit dem «klaren Bedürfnis, das Jahr mit Gott anzufangen». Ich wundere mich immer wieder, wie heutige praktische Theologie so genau informiert ist über das Bedürfnis der Menschen, die einen Gottesdienst besuchen. Zudem scheint sie eifrig bemüht zu sein, dieses vermeintliche Bedürfnis zu erfüllen. Kirche und Predigt als Bedürfnisanstalt! Ich kann es schon fast nicht mehr hören, wie darüber philosophiert wird, ob und warum da nun die Kirche am Heiligen Abend volkskirchlich überfüllt und am Neujahr spärlich besetzt sei. Beides wird problematisiert und angestrengt darüber spekuliert, was denn da die Menschen für Gefühle und Bedürfnisse hätten. So oder so, wenig oder viel; es geht um Gottes Wort. Das ist das «Kerngeschäft der Kirche», um es einmal etwas salopp zu sagen.

Und: Sie sind da. Ob aus Gewohnheit oder aus einem «Bedürfnis» – was soll's! Es gibt jedenfalls auch im neuen Jahr schädlichere Gewohnheiten als den Gottesdienstbesuch. Wenn ich daran denke, dass es Mitte dieses angefangenen Jahres zum Rücktritt von Herrn Pfarrer Klaus Guggisberg kommt, so ist es doppelt wichtig, dass Sie dem Fraumünster die Treue halten, unabhängig davon, wer nun gerade auf der Kanzel steht. Kanzelredner kommen und gehen. Die Gemeinde bleibt.

Und nun sind wir am Neujahrsmorgen, was immer uns umtreibt, von einem Wort aus dem Jakobusbrief angeredet, das sich eigentlich an einen Banker oder Verkaufschef richtet:

«Nun wohlan, die ihr sagt: Heute oder morgen wollen wir in die und die Stadt ziehen und wollen daselbst ein Jahr zubringen und Handel treiben und Gewinn machen – ihr wisst ja nicht, wie es morgen um euer Leben steht!» (Jakobus 4, 13 u. 14). Leben gibt es nie auf Vorrat. Es gilt, was Andreas Gryphius mitten im Dreissigjährigen Krieg gedichtet hat: «Mein sind die Jahre nicht, / die mir die Zeit genommen, / mein sind die Jahre nicht, / die etwa mögen kommen. / Der Augenblick ist mein, / und nehm ich den in acht, / so ist der mein, der Zeit und Ewigkeit gemacht.»

«Augenblicksmenschen» im positiven Sinne dürfen wir sein. Nur der Augenblick gehört uns. Nicht die 366 Tage des Jahres 2004. Nur dieser Tag, nur diese Stunde. Hat es unser Bibelwort aber nun darauf angelegt, uns zu verunsichern, uns das, was wir ohnehin wissen, besonders deutlich um die Ohren zu schlagen: «Nur ein Hauch seid ihr» (Jakobus 4, 14), nur ein Dampfwölklein, für eine kurze Zeit sichtbar, oft auch unüberhörbar – und dann ist alles vorbei, alles Wohl und Wehe, alle Freude und aller Schmerz. Eine lapidare Wahrheit, wenig erbaulich vielleicht am Neujahrsmorgen.

Und doch: Es ist uns an diesem Neujahrsmorgen nicht als Drohung, aber unüberhörbar gesagt: Innehalten im Planen, so nötig dies sein kann. Nicht: Ich tue dies oder jenes unbedingt und auf jeden Fall. Nein, «so der Herr will und wir leben». Die «Conditio Jacobea» nennt man das, die Bedingung des Jakobus. Und zur Zeit unserer Grosseltern wurde bei manchem Brief s.c.j. angemerkt (sub conditione jacobaea oder eben etwas weniger gelehrt: s.G.w.u.w.l. – so Gott will und wir leben).

Die Freude soll uns damit nicht vergällt werden am Neujahrsmorgen. Nur das will Jakobus, uns warnen vor falschem Planen und Fixiertsein auf unsere Vorhaben auch im angefangenen Jahr.

Planlos freilich sollten wir nicht durchs Leben rennen, haudern, schlendern oder schlarpen. Jede Institution muss ihr Budget machen. Jeder von uns hat wohl seine Arbeit, seine Ferien zu planen, Akzente zu setzen in menschlichen Beziehungen. Aber ich erschrecke manchmal, wie stark das Büchlein, das sich Agenda 2004 nennt, schon gefüllt ist. Ja, wohl uns, wenn wir wissen, was wir tun, auch im neuen Jahr. Und warum wir es tun. Aber wohl uns auch, wenn wir wissen, was wir nicht tun wollen und warum dem so ist.

Ohne Planung, auch ohne Vorsätze, gute Vorsätze geht es nicht. Man mag da noch so spotten über die guten Vorsätze in der Neujahrsnacht. Man mag gar dramatisch warnen, der Weg zur Hölle sei mit guten Vorsätzen gepflastert. Vorsätze haben ihren Sinn, Planung hat ihren Sinn. Der Gedanke, dies oder jenes nun endlich zu tun oder es eben dezidiert nicht mehr zu tun, das gehört zu den Gedanken und Vorsätzen über Silvester und Neujahr.

Planen, Organisieren, wie ein guter Banker, wie ein guter Verkaufsleiter, all das hat seine Bedeutung. Aber, «so Gott will und wir leben», sagt Jakobus zu Bankern und Verkaufsleitern – und zu uns! Er ermutigt uns, Gott ernster zu nehmen als all unser Planen. Das Leben selbst sollen wir wichtiger nehmen als unser Tun und Raten. Alles Kommende dürfen wir in Gottes Hand legen, nicht sorglos, aber sorgenfrei.

Der deutsche Dichter Jochen Klepper ist in der Verfolgung der Nazis umgekommen. Ausgerechnet er sagt in einem Abendlied: «Ich achte nicht der künft'gen Angst. Ich harre deiner Treue» (RGB 622, 7). Ein Mensch, der durch die tiefsten Ängste gehen musste, stellt die Angst gleichsam beiseite. Er ermahnt sich selber: Du musst nicht alles vorausnehmen wollen, was auf dich zukommen mag. Gott wird da sein.

Dies gilt für jeden neuen Tag. Dies gilt auch fürs neue Jahr, das wie ein weites Feld mit Schönem und Schwerem vor uns liegt: «Ich achte nicht der künftigen Angst.» Ich brauche nicht alles vorwegnehmen zu wollen, das Schöne nicht und auch das Schwere nicht. So Gott will und wir leben – heute leben wir, heute will Gott mit uns sein! Das ist Trost und Ermutigung. Darum Planen, Denken, ja Organisieren, aber sich nicht gefangen nehmen lassen von so manchem, was uns noch nicht zu belasten braucht. Frei bleiben für das Leben, offen bleiben für Begegnungen. Darum warnt unser Bibelwort nicht nur vor übertriebenem Planen und Sorgen, vor dem angestrengten Überlegen, was es da alles zu tun, zu verdienen und allenfalls abzuwenden gäbe. Es mündet in das bedrohlich klingende, aber unendlich ermutigende Wort, unser Neujahrsmotto: «Wer nun weiss, Gutes zu tun, und tut es nicht, dem ist es Sünde» (Jakobus 4, 17).

Das Gute, das griechische Wort kann auch das Schöne bedeuten. Wir können demnach übersetzen: «Wissend das Gute und Schöne zu tun, und es nicht tun, das ist Sünde.» Das griechische Wort für Wissen ist mit Sehen verwandt: Das Gute vor Augen haben und es nicht tun – so könnten wir frei übertragen –, das ist wider Gott. Aber nicht wider Gott sein, sondern mit und für Gott, das geschieht, so verheisst es uns das Neue Testament – in der Nachfolge Jesu Christi. Und dazu sind wir neu aufgerufen fürs neue Jahr. Mit Christus unterwegs; in seinen Fussstapfen, das Gute vor Augen – und es tun! Ein altes Grusswort sagt mahnend: «Händ Gott vor Augen!»

Das Gute vor Augen, Gott vor Augen – ja, das wäre ein Vorsatz fürs neue Jahr! Wenn schon die Vergänglichkeit angesprochen ist im Jakobusbrief, so gilt auch das andere: Jedes gute Wort, jede rechte Tat andern weitergegeben, wird uns überleben! Unser Ehepartner, unsere Kinder, unsere Freunde werden sich daran erinnern, auch wenn wir nicht mehr sind.

Von Worten und Taten der Lieblosigkeit und des Hasses gilt – leider – dasselbe. Auch sie werden uns überdauern. Wenn sie gesagt sind, werden sie wirken, und wir können sie nicht mehr zurücknehmen. Darum: Das Gute vor Augen und es tun. Gott vor Augen! Worte des Verständnisses nicht ungesagt, Taten der Liebe nicht ungetan lassen. Worte der Lieblosigkeit aber getrost dahingestellt lassen. Sie werden, wenn sie ungesagt bleiben, spätestens mit uns vergehen. Vergänglichkeit hat auch etwas Tröstliches!

Worte der Liebe und der Dankbarkeit aber stellen sich der Vergänglichkeit entgegen. Sie überdauern uns, wenn sie nachdrücklich und immer wieder gesagt werden. Ein amerikanischer Staranwalt hingegen soll einmal sarkastisch festgestellt haben, Dutzende Angeklagter habe er vor der Todesstrafe bewahrt, und nicht ein einziger habe ihm eine Neujahrskarte geschickt. Niemand hat wohl einen von uns je vor dem Galgen bewahrt, aber jeder von uns verdankt vielen vieles.

Darum, liebe Gemeinde, Worte, Zeichen, Taten der Liebe und Dankbarkeit hier und heute! Das Gute vor Augen und es tun, an diesem Tag, der uns geschenkt ist, und an jedem neuen Tag, den Gott uns schenkt unter der Jahrzahl 2004, 366 Tage – so Gott will und wir leben.

Merken wir, wie auch der Hinweis auf die Endlichkeit und Vergänglichkeit tröstlich wird an diesem Morgen. Sie verweist uns an die Freude an jedem geschenkten Tag. Ein «Dampf», ein Atemzug, ein Wasserwölklein seien wir, sagt der strenge Schreiber des Jakobusbriefes. Aber «Noch sind wir da», hält die Dichterin Rose Ausländer in einem eindrücklichen Gedicht der drohenden Vergänglichkeit entgegen! Im Schlusssatz stellt sie dann lapidar fest: «Sei, was du bist. Gib, was du hast.»

Christus ruft uns heute neu in seine Nachfolge: Gott vor Augen, das Gute vor Augen und es tun. Sein, was wir sind. Geben, was wir haben. An jedem neuen Tag, den Gott uns schenkt, auch am Neujahrstag. Und jeder Tag, den Gott uns schenkt, ist ein Neujahrstag. Amen

Predigt im Fraumünster, Neujahr, 1. Januar 2004

Gebet zum Jahresanfang

So nimm, Herr, unsre schwachen Hände
in deine starke, treue Hand,
lenk unsern Schritt an dieser Wende
hinein in neuer Hoffnung Land!

Du gehst voran auf jedem Pfade
durch die Verworrenheit der Zeit
und schenkst zu unserm Tun die Gnade
zum Preise deiner Herrlichkeit!

Verfasser unbekannt

Einander mit den Augen Gottes sehen

In dieser Neujahrspredigt reden Sie unter anderem über unser Verhältnis zur Zeit. Dabei sagen Sie, das Neue sei nicht immer das Bessere. Sind Sie ein konservativer Mensch?

In gewissem Sinne ja. Ja. Ich habe ein intensives Verhältnis zur reformierten Tradition und zu ihren biblischen Grundlagen. Dies aus der Einsicht, dass vieles, was heute als neu angepriesen wird, nur das Alte ist in neuer, nicht einmal besserer Auflage. Aber es geht nicht um alt oder neu; es geht mir vielmehr um die Frage nach dem, was trägt. Da ist es für mich eindrücklich, wie alte biblische Texte immer wieder neu zu mir reden. Etwa der 103. Psalm «Lobe den Herrn, meine Seele». Oder das 8. Kapitel des Römerbriefes «Ich bin dessen gewiss, dass nichts uns zu scheiden vermag von der Liebe Gottes». Diese Texte sind für mich lebendiger und aktueller als die Zeitung von gestern. Dies gilt auch für die Texte aus der christlichen Tradition. Etwa Paul Gerhardts Lied «Ist Gott für mich, so trete gleich alles wider mich». Oder das Lied von Matthias Claudius «Der Mond ist aufgegangen». Ich denke aber auch an das Neujahrslied von Paul Gerhardt, das wir in diesem Gottesdienst gesungen haben. In seinem Fürbitteteil ist dieses Lied innig und nah bei den Menschen: «Hilf gnädig allen Kranken; gib fröhliche Gedanken den hoch betrübten Seelen, die sich mit Schwermut quälen.» Auch die Orgelmusik von Johann Sebastian Bach hat für mich etwas Zeitloses, Vertrautes, Tragendes. Diese Juwelen haben mehr Zukunft als viele unserer Ideen, auch unserer kirchlichen und theologischen Ideen und «Fündlein», die schon morgen überholt sind.

Müsste auch der Gottesdienst konservativ sein? Fast wie ein antikes Möbelstück in einem kühlen Hightech-Haus?

Er darf nicht auf das reduziert werden. Er darf kein Stilmöbel sein, das nur Dekorationszwecke erfüllt und an dem man jeweils wieder ein bisschen herumpoliert, um es dann einer weiteren Generation weiterzugeben. Aber der reformierte Gottesdienst soll in seiner Würde und Klarheit auch ein Kontrapunkt sein zu manch Lautem und Geschäftigem innerhalb und ausserhalb der Kirchenmauern.

Andere sagen, heutige Gottesdienste seien antiquiert; sie müssten moderner und attraktiver werden.

Der Gottesdienst darf nicht traditionalistisch sein. Ein Gottesdienst braucht immer beides: das spontane, aktuelle Glaubenszeugnis und alte liturgische Elemente, die den Menschen vertraut sind. Ich habe schon an Gottesdiensten teilgenommen, in denen auf Bibellesung und Unservater verzichtet wurde. Dies scheint mir fahrlässig zu sein. Der Bezug zur Bibel gehört in den reformierten Gottesdienst. Die Verkündigung lebt von der Spannung zwischen uralten Texten und der heutigen Interpretation. Neue Gottesdienstformen in Ehren. Dies darf aber nicht zu Beliebigkeit, ja zur Wurstigkeit führen. Der liturgische Gruss darf nicht durch eine «Begrüssung namens der Veranstalter» ersetzt werden: «Schön, dass Sie trotz des kalten Wetters den Weg unter die Füsse genommen haben …» Der Gottesdienst gehört weder der Pfarrerin noch dem Kirchenmusiker, noch der Gemeinde. Er geschieht im Namen dessen, der alles menschliche Verfügen und Begreifen übersteigt. Der Gottesdienst darf nicht weit abgehoben von den Menschen zelebriert werden. Vor einer Banalisierung des Heiligen ist aber genauso zu warnen. Diese scheint mir heute im protestantischen Raum eine reale Gefahr zu sein.

Traditionen mögen oft ihren Sinn haben. Aber blockieren sie nicht häufig dringend nötige Reformen?

Nein, das gerade nicht. Verwurzelung in der Tradition ist nicht Konservatismus, nicht Wertschätzung des Alten um des Alten willen. Im Gegenteil. Wer in biblischer und reformatorischer Tradition verwurzelt ist, der wird Veränderungen fördern und zulassen. Wer hingegen kein Fundament hat, das trägt, keine Identität, wie man heute etwas schwammig sagt, verliert die Orientierung und schreckt gerade darum vor Veränderungen zurück. Verwurzelung und Offenheit schliessen sich nicht aus, sondern bedingen sich gegenseitig. Wer dem Evangelium verpflichtet ist, ist offen für alle Menschen, zu welcher Nationalität, Kultur oder Religion sie auch immer gehören.

Für eine solche Offenheit haben Sie sich im Herbst 2003 auch politisch eingesetzt. Da sollten mit neuen Gesetzen die Beziehungen zwischen Kirchen, anderen Religionsgemeinschaften und dem Staat im Kanton Zürich neu geregelt werden. Die Vorlagen wurden allerdings wuchtig abgelehnt. Wie gehen Sie mit dem negativen Volksentscheid um?

Noch immer bin ich überzeugt, dass diese neue Regelung dem Geist des Evangeliums eher entsprochen hätte als der Status quo. Es bleibt im Kanton Zürich vorläufig dabei: Die reformierte Kirche wird gegenüber der katholischen Kirche vom Staat weiterhin privilegiert behandelt. Die jüdischen Gemeinden sind nicht öffentlich anerkannt, und von der grossen islamischen Gemeinschaft wird offiziell keine Notiz genommen. Zudem ist es der reformierten und der katholischen Kirche weiterhin verwehrt, Ausländerinnen und Ausländer als stimm- und wahlberechtigte Kirchenmitglieder anzuerkennen. Dies widerspricht dem Geist und dem Buchstaben des Neuen Testamentes: «Da ist nicht Jude noch Grieche, da ist nicht Sklave noch Freier, da ist nicht Mann und Frau; denn ihr alle seid einer in Christus Jesus» (Galatherbrief 3, 28).

Der Mensch denkt, Gott lenkt, sagt das Sprichwort. Gilt das auch für Volksentscheide?

Ich halte mich da nicht ans alte römische Heidensprüchlein «vox populi – vox Dei; die Stimme des Volkes ist die Stimme Gottes». Als überzeugter Demokrat akzeptiere ich Volksentscheide. Als überzeugter evangelischer Christ hingegen setze ich mich auch in Zukunft auf demokratischem Weg ein für ein angemesseneres Verhältnis zwischen Kirchen und Staat im Kanton Zürich. Je länger wir mit solchen Veränderungen zuwarten, desto schwieriger sind sie allerdings für unsere Kirche zu verkraften.

Nun aber zum Jakobusbrief. Da ist eindringlich von der Vergänglichkeit allen Lebens die Rede.

Jakobus ermahnt uns, unser Planen nicht zu übertreiben. Mit dem Hinweis auf unsere Vergänglichkeit will er unsere Grössenphantasien auf den Boden der Realität holen. Jakobus argumentiert aus menschlicher Erfahrung. Er sagt nicht, wie dies später im Barock verbreitet war: Habe stets den Tod vor Augen, denn der Tod hat dich schon am Wickel; der Totentanz wird auf jeder Hochzeit getanzt. Jakobus macht uns nicht Angst vor dem Tod, sondern ermutigt uns, Gott zu vertrauen. Wir sollen uns einsetzen, planen und handeln, als ob wir alles in den Händen hätten – uns aber bewusst sein, dass wir nichts in den Händen haben. Gelingen ist immer Geschenk. Alles steht unter dem Vorbehalt «So Gott will». Dies bewahrt uns vor Aktivismus und lässt uns bei allem Engagement gelassen bleiben.

Der Homo faber, der Machertyp von heute, rechnet ja ganz anders. In seiner Rechnung ist der Faktor «Gott» ausgeschaltet. Die Börsendaten sind für ihn zuverlässiger als irgendeine Himmelsmacht.

Urteilen wir nicht zu schnell und pauschal. Es gibt Menschen, die nicht an Gott glauben und trotzdem menschliche Möglichkeiten realistisch und bescheiden einschätzen. Und es gibt «gläubige Menschen», die sich selber unendlich wichtig nehmen und überschätzen.

Die von Jakobus empfohlene Demutsformel «So Gott will» ist ja mit der islamischen Formel «insh'allah» vergleichbar.

Durchaus. Es geht in beiden Fällen um eine Lebenshaltung, nicht einfach um eine religiöse Doktrin. Es geht darum, das Menschenmögliche zu tun und zugleich zu wissen, dass vieles nicht menschenmöglich ist. Entscheidend bleibt der Wille Gottes, nicht unsere menschlichen Absichten. Dies ist wohl Muslimen oft stärker bewusst als uns westlichen Menschen. Diese Lebenshaltung darf nicht zu Fatalismus, Laisser-faire oder Verantwortungslosigkeit führen. Gott wirkt durch uns Menschen, nicht durch irgendwelche Phantome. Wir sind seine «Instrumente», wie Zwingli sagte.

Die Formel «So Gott will und wir leben» ist ein Hinweis auf die Vergänglichkeit. Sigmund Freud nannte den Tod eine der grossen Kränkungen des Menschen. Der Tod ist der grosse Spielverderber.

Unsere Zeit ist geprägt vom Kult um die Jungen, Schönen und Reichen. Da müssen Alter, Krankheit und Tod als Spielverderber erscheinen. Darum verdrängt unsere Gesellschaft den Tod in die Abgeschiedenheit von Sterbezimmern. Und Beerdigungen finden immer mehr im kleinen Kreis der Angehörigen statt. Der Tod soll unsere Geschäftigkeit nicht stören. Wenn er kommt, ist es noch früh genug, sich ihm zu stellen, sagt man. Doch dann ist es definitiv zu spät.

Früher war der Tod noch sichtbarer. Die Leichenzüge von einst gibt es heute auch in Dörfern nicht mehr.

Der Trauerzug war ein eindrückliches Zeichen. Die Dorfgemeinschaft begleitete den Verstorbenen und war sich dabei bewusst, dass wir alle unterwegs sind, unterwegs hin auf den Tod. Ich habe das in den ersten Jahren meines Gemeindepfarramtes noch erlebt. Doch dann wurde diese Tradition abgeschafft. Die Begründung war lakonisch: Verkehrsbehinderung. Es war damals noch selbstverständlich, dass die Menschen nach ihrem Tod drei Tage zuhause aufgebahrt blieben. So konnte man intensiv Abschied nehmen und der Trauer Zeit und Raum geben. Trauer nicht zu verdrängen, sondern sich auf sie einzulassen – das gehört zu unserem Leben. Dem stellen sich viele Menschen heute wieder vermehrt.

Wie gehen Sie persönlich mit dem Faktum der Vergänglichkeit um? Über die Vergänglichkeit zu predigen, ist etwas anderes, als sich der persönlichen Vergänglichkeit zu stellen.

Ja, auch mir macht es Angst, wenn ich bedenke, dass ich den weitaus grösseren Teil meines Lebens mit meinen sechzig Jahren bereits hinter mir habe. Sterben und Tod wird heute oft als schöne Reise in eine andere Welt idealisiert. Sterben ist aber meistens etwas Hartes, dessen bin ich mir bewusst, sowohl aus dem Miterleben des Todes von Angehörigen wie aus dem Begleiten von Sterbenden als Seelsorger. Christlicher Glaube nimmt Sterben und Tod in seiner ganzen Härte ernst. Liturgische Texte etwa sprechen vom «bitteren Tod». Sterben bedeutet, alles, auch sich selber, aus den Händen zu geben. Mir hat es im Gemeindepfarramt immer Eindruck gemacht, wenn mir alte und kranke Menschen gesagt haben: «Ja, Herr Pfarrer, Sie werden es auch noch erfahren, die grösste Arbeit ist das Loslassen.» Mit dieser Arbeit beschäftige ich mich immer wieder intensiv.

Es gibt Menschen, die den Tod als absolutes Ende betrachten. Andere verstehen ihn als Übergang in eine andere Welt. Hat dies einen Einfluss auf das Sterben?

Ich glaube nicht, dass Menschen, die an das ewige Leben glauben, allein deshalb leichter sterben. Auch für fromme Menschen ist das Sterben schwer. Ob ein Mensch das Leben loslassen kann, hängt auch stark mit seiner Krankheitssituation, seinem familiären Umfeld und seinem Charakter zusammen. Für mich selber hoffe ich, dass mich mein Glaube in dieser äussersten Situation nicht verlässt. Allerdings müssen wir als Menschen und Christen der Moderne zugeben, dass alle konkreten Vorstellungen über das ewige Leben fragwürdig sind. Aber im Glauben daran, dass ich diesseits und jenseits des Grabes in Gottes Händen bin, muss ich mir heute nicht unendlich Sorgen machen und über das ewige Leben spekulieren.

Woher nehmen Sie diese Zuversicht? Die Kirche hat doch über Jahrhunderte darauf verwiesen, dass wir statt im Himmel unvermittelt in der Hölle landen könnten.

Ich nehme diese Zuversicht aus dem Evangelium. Seine Mitte ist die uns in Jesus Christus zugewandte Güte Gottes. Auch die Predigt des Gerichtes nehme ich ernst. Sie erinnert uns an unsere Verantwortung mitten im Leben. Sie richtet sich jedoch nicht an Leidende und Sterbende. Ihnen hat die Kirche – wenn sie denn wirklich dem Evangelium verpflichtet war – Trost und Zuversicht zugesagt.

Könnte das Bedenken der Vergänglichkeit dazu führen, dass wir die Gegenwart mehr achten und sie dadurch auch bewusster und intensiver erleben?

Ja, bewusst leben heisst: um die Kostbarkeit jedes Tages, jeder Stunde wissen und in diesem Sinne die Gegenwart geniessen. Man kann allerdings auf sehr unterschiedliche Weise Gegenwartsmensch, Augenblicksmensch sein. In den Tag hinein leben, sich nicht um das Morgen kümmern, das ist verantwortungslos sein. Bei jedem menschlichen Handeln geht es darum, die Auswirkungen nicht nur für das Morgen, sondern auch für zukünftige Generationen mitzubedenken. Politik und Wirtschaft sind leider allzu oft von kurzfristigen Interessen geprägt. Aber es stimmt: Es gibt auch eine problematische Fixierung auf die Zukunft, auf eine Zukunft, über die wir ohnehin nicht verfügen. Dies führt dazu, dass wir die Gegenwart verpassen und im wortwörtlichen Sinn nicht geistesgegenwärtig sind. Natürlich überlege ich zusammen mit Mitarbeiterinnen und Mitarbeitern, wie unsere Volkskirche in zwanzig, dreissig Jahren aussehen könnte. Aber wenn man zu kirchlichen und gesellschaftlichen Fragen nicht mehr Stellung nehmen darf, ohne anzugeben, welche «Visionen» man für die nächsten fünfzig Jahre habe, so kommt mir dies oft wie ein Sandkastenspiel vor. Ich habe hier und heute verantwortlich zu handeln. Für das, was in fünfzig Jahren sein wird, bin ich nicht zuständig. Das überlasse ich getrost dem lieben Gott. Es gibt eine Sorglosigkeit, die aus der Verantwortungslosigkeit kommt; und eine solche, die mit Gottvertrauen zu tun hat. An diese halte ich mich. Ich darf und muss hier und heute leben. Dieses Befreiende kommt mir in den Worten von Andreas Gryphius entgegen: «Mein sind die Jahre nicht, die mir die Zeit genommen; / mein sind die Jahre nicht, die etwa mögen kommen. / Der Augenblick ist mein, und nehm ich den in acht, / so ist der mein, der Zeit und Ewigkeit gemacht.»

Aber Jakobus ruft nicht nur zum Gottvertrauen, sondern zum Tun des Guten auf.

Ja, das Wort aus dem Jakobusbrief hat etwas sehr dringliches. Christen sind für Jakobus keine Schönredner und Träumer, sondern Menschen, die im Hier und Heute Gutes tun.

Aber Paulus hat doch betont, allein der Glaube sei entscheidend, und Luther hat den Jakobusbrief der Werkgerechtigkeit bezichtigt.

Luther hatte mit dem Jakobusbrief grosse Mühe, weil er darin die paulinische Rechtfertigungslehre vermisste. Aber Glaube und Handeln schliessen sich nicht aus. Beides gehört zusammen wie die beiden Seiten einer Medaille. Paulus äussert sich nur da kritisch über angestrengtes religiöses Tun, wo der Mensch meint, sich durch gute Taten bei Gott Verdienste zu erwerben. Aber Paulus hat aus seiner Betonung des Glaubens nie gefolgert, dass wir die Hände in den Schoss legen sollten. Im Gegenteil, er forderte dazu auf, aus dem Glauben Konsequenzen zu ziehen, den Glauben zu leben. In der Überzeugung, dass nur lebendiger, tätiger Glaube wahrer Glaube ist, darin sind sich Paulus und Jakobus einig, auch wenn sie den Akzent verschieden setzen. Der Glaube befreit uns zum Handeln. Oft müssen wir sogar aktiv werden, ohne zu wissen, ob wir auch wirklich das Richtige tun.

Trotz innerer Zweifel müssen wir manchmal handeln?

Ja, am Schluss eines Arbeitstages zweifle ich manchmal, ob ich da oder dort richtig entschieden und gehandelt habe. Meine Verantwortung bringt es mit sich, dass manchmal auch Entscheidungen zu fällen sind, die Menschen weh tun. In solchen Situationen weiss ich nur, dass das Nicht-Handeln, Nicht-Entscheiden, der Sache nicht gedient und andere Menschen vielleicht noch stärker verletzt hätte. Diese Einsicht, dass wir nie absolut richtig handeln können und immer der Vergebung bedürftig sind, darf uns nicht zum Zaudern und Zögern verleiten.

Der Zweifel gehört zum Handeln, gehört er auch zum Glauben?

Ja, er gehört zu beidem. Wer beim Handeln nicht zweifelt, wird selbstgerecht und lieblos. Und ein Glaube ohne Zweifel verkommt zur Ideologie. Gott bewahre uns vor Menschen, die vorgeben, den Zweifel nicht zu kennen. Glaube ist immer angefochtener Glaube; Glaube, der dem Zweifel ausgesetzt ist. Glauben, zweifeln, handeln – dieser Dreiklang gehört zu uns. Sicherheit gibt es nie, weder im Glauben noch im Handeln, aber Gewissheit, die aus dem Glauben an Jesus Christus kommt.

Ist der Zweifel mehr als die Infragestellung eines Glaubenssatzes durch die Vernunft?

Glaube und Vernunft, Vernunft und Glaube – das ist eines der ganz grossen Themen abendländischer Philosophie und Theologie. Besonders die Aufklärung des 18. Jahrhunderts und die Naturwissenschaften des 19. Jahrhunderts haben diese Spannung zwischen Glaube und Vernunft nochmals verstärkt. Daraus resultieren noch heute viele Diskussionen, denen sich die Kirche und die Theologie zu stellen haben. Aber der existenzielle Zweifel geht tiefer. Er zweifelt grundsätzlich am Sinn des Lebens, am Sinn der eigenen Existenz. Es ist der Zweifel, der Hiob umtreibt. Und es ist der Zweifel, der im Schrei Jesu am Kreuz anklingt: «Mein Gott, warum hast du mich verlassen.»

Ist das Thema des Zweifelns also auch Teil der christlichen Verkündigung?

Gewiss. Dies aber nicht in dem Sinne, dass wir ständig nur unsere Zweifel ausbreiten und um sie kreisen. Auch nicht so, dass wir jede Aussage des Glaubens ständig mit unserer Vernünftelei in Frage stellen. Aber zugeben dürfen wir unsere Zweifel. Von Luther wird folgende Anekdote erzählt. Sie sagt uns mehr als manche theologische Abhandlung. Ein Pfarrer kommt zum Reformator und erzählt ihm von seiner Unsicherheit und seinen Zweifeln. Schliesslich gesteht er ihm, dass er sich so manchmal kaum mehr auf die Kanzel getraue. Luther sieht ihn lange an, dann sagt er nur drei Worte zu ihm: «Du auch, Bruder.» Glauben, zweifeln, handeln – das ist dort möglich, wo Menschen einander offen begegnen. Wo sie einander auch in Konflikten und Schwierigkeiten nicht ständig auf dem Negativen behaften, sondern einander annehmen und bejahen in der Unvollkommenheit und Gebrochenheit menschlicher Existenz. Einander mit den Augen Gottes sehen, sagt mir jemand, darauf komme es an. Ja, das wird möglich, da wo wir es erahnen: Gott selber sieht uns an mit den Augen der Liebe, mit den Augen Christi – das ist für mich das ganze Evangelium.

Noch bist du da

Wirf deine Angst
in die Luft

Bald
ist deine Zeit um
bald
wächst der Himmel
unter dem Gras
fallen deine Träume
ins Nirgends

Noch duftet die Nelke
singt die Drossel
noch darfst du lieben
Worte verschenken
noch bist du da

Sei was du bist
Gib was du hast

Rose Ausländer

Epilog
Vielfalt und Einheit

Herausforderung der Ökumene

Sehr geehrte Damen und Herren
Liebe Schwestern und Brüder
Ich freue mich, dass ich heute Abend bei Ihnen sein darf, Ihnen nicht nur einen Vortrag halten, sondern mit Ihnen ins Gespräch kommen darf. Anders kann es ja nicht sein in einer ökumenischen Begegnung: Der Dialog steht im Vordergrund, das sorgfältige Zuhören. Und dieses Zuhören, dieses ökumenische Füreinander-offen-Sein muss geprägt sein von der Annahme, dass der andere Recht haben könnte oder dass er zumindest auch Recht haben könnte. Sie wissen, dass es seit den Tagen der frühen Kirche durch alle Jahrhunderte meist anders ging: Die Besitzer der Wahrheit wollten andern die Wahrheit einhämmern. Die Werke der Kontroverstheologie füllen darum ganze Bibliotheken. Wir Christenmenschen, auch wir theologisch gebildeten und dadurch auch vorbelasteten Christenmenschen, sind nie Besitzer der Wahrheit. Es ist nur einer, Jesus Christus, der die Wahrheit ist. Nur Christus, der für uns nie Besitz sein kann, spricht es zu Recht: «Ich bin der Weg und die Wahrheit und das Leben» (Johannes 14, 6). Wahrheit ist kein Ding, sondern eine Person: Christus, der uns auf seinem Weg mitnimmt und zum Leben führt. Lebensfeindliche Rechthaberei ist damit ebenso ausgeschlossen wie achselzuckendes, postmodernes Beliebigkeitsdenken.

Nun haben Sie für den heutigen Abend keinen «zünftigen Theologen» eingeladen wie für die andern Abende, keinen «Prof. Dr.» wie sonst. Auch keinen, der jetzt von der Theorie ausgeht, um dann Schritt für Schritt zur Praxis zu kommen – sollte dann die Praxis nicht mit der Theorie übereinstimmen, so würde einmal mehr gelten: Um so schlimmer für die Praxis. Nein, Sie haben einen theologischen Praktiker eingeladen für heute – auf eigene Verantwortung, denn dies könnte Folgen haben! Mehr als zwanzig Jahre Gemeindedienst, oft Sonntag für Sonntag auf der Kanzel, das prägt. Das lässt das Beglückende und das Schwierige eines Berufes erleben, welchen die reformierte Kirche als Verbi Divini Minister, Diener am göttlichen Wort, bezeichnet. Und nun ein VDM, der seit zehn Jahren als vollamtlicher Kirchenratspräsident Mitverantwortung trägt für eine nach schweizerischen Begriffen grosse reformierte Kirche – 500 000 Mitglieder, 179 Kirchgemeinden, ungefähr vierhundert Pfarrerinnen und Pfarrer in Kirchgemeinden und kirchlichen Diensten sowie öffentlichen Institutionen und viele weitere Mitarbeiterinnen und Mitarbeiter im diakonischen und kirchenmusikalischen Dienst. Meine Überlegungen sind darum mitgeprägt von den Erfahrungen in einer real existierenden reformierten Kirche. Und diese kirchliche Praxis ist farbiger und vielfältiger, manchmal schwieriger und abgründiger und doch auch schöner und ermutigender, als es sich die Theorie ausdenken mag.

Reformierte Zugänge zur Ökumene – Sie ahnen jetzt, je nach Position mit leisem Entsetzen, wie ein Reformierter denkt und lebt. Aber dieser existenzielle Zugang zum Glauben ist mir wichtig. Von reformiertem Glauben und reformierter Existenz her versuche ich Zugänge zur Ökumene zu finden. Kein umfassendes und in sich absolut stimmiges Referat möchte ich darum vortragen, sondern Erfahrungen und Hinweise, ja auch Ängste und Hoffnungen, Gefühle und Wertungen möchte ich einbringen. Dadurch erhalten diese Ausführungen wohl auch etwas Unausgewogenes, ja Leidenschaftliches. Kirche und Ökumene finden nicht im luftleeren Raum statt. Was an Hochschulen gelehrt wird, was im Vatikan festgeschrieben oder in reformierten Synoden beschlossen wird, was in katholischen und reformierten Pfarrhäusern gedacht und dann in Verkündigung und Seelsorge in die Praxis umgesetzt wird – all das hat Auswirkungen für die Menschen unserer Zeit; bei all dem steht für viele Menschen die Glaubwürdigkeit des christlichen Zeugnisses auf dem Spiel.

Wenn sich daher der Papst in seiner Enzyklika vom Gründonnerstag 2003 gegen die eucharistische Gastfreundschaft wendet, dann ist das nicht nur eine katholische Lehrangelegenheit, bei der es darauf ankommt, dass in sich stimmig und theologisch richtig argumentiert wird. Es geht in der Folge eines solchen Lehrschreibens auch um Risse mitten durch Familien, es finden Ausgrenzungen statt, die verletzen. Eine Tatsache wird bei allem, was da zum Teil sehr eindrücklich über die Eucharistie gesagt wird, nicht genügend gewichtet: dass vielerorts eine grosse Zahl der Ehen konfessionsverschieden sind. Die Menschen, die in solchen «konfessionsverbindenden Familien» leben, folgern resigniert: Wenn das so kompliziert ist mit der Gegenwart Christi im Mahl, das er den Seinen geschenkt hat, dann lassen wir das Ganze wohl eher sein. Sie merken, es ist nicht ganz gefahrlos, einen Anwalt der reformierten Praxis an eine katholische theologische Hochschule einzuladen. Aber gerade solche praktischen Zugänge können typisch reformierte Zugänge zur Ökumene sein. Dies im selbstkritischen Wissen, dass jede Kirche, auch die reformierte, immer wieder in Gefahr steht, Hindernis zum Glauben zu werden, anstatt offen und menschenfreundlich einzuladen in die Gemeinschaft mit Christus.

Kirche in Geschichte und Gegenwart? Ich werde nachdenklich, wenn ich dies bedenke. Und dieses selbstkritische Bedenken ist wohl auch typisch reformiert: Die Kirche ist ein Stück Welt, und nicht einmal immer das erbaulichste! Man vertiefe sich in die Geschichte des römischen Papsttums mit all seinen Schatten oder in die Geschichte des reformierten Staatskirchentums mit seiner Trockenheit, seinem Moralismus und seiner Volksüberwachung. Kommt einem da nicht zumindest der leise Verdacht, das Christentum habe nicht nur wegen der Kirche, sondern auch trotz der Kirche überlebt? Trotz Petrus und Paulus mit ihren Konflikten, trotz der urchristlichen Gemeinde und ihren Streitereien und Eifersüchteleien – man lese wieder einmal die Paulusbriefe und achte darauf, wie gross die Schwierigkeiten christlichen Lebens schon damals waren. Aber christlicher Glaube hat überlebt, das Evangelium ist bis zu uns gekommen, trotz über zweihundert Päpsten, trotz Zwingli, Luther und Calvin, trotz uns allen, die wir ja eher schlecht als recht als «Bodenpersonal des lieben Gottes» amten.

Trotz uns allen lebt und wirkt das Evangelium. Auch das ist ein eher reformierter Zugang zur Ökumene, diese Nüchternheit, diese fast selbstquälerische Distanz zur real existierenden Kirche. Grossen Eindruck macht mir immer wieder, welchen Respekt vor der Kirche, welche Liebe zur Kirche katholische Christinnen und Christen prägt. Und doch, wie befreiend kann es sein zu wissen: Christus wirkt über die Kirchen hinaus, kommt mit ihnen und eben auch ohne sie, ja gegen sie zu seinem Ziel. Diese befreiende Nüchternheit des Glaubens zeigt uns: Kirche ist wichtig, Theologie ist wichtig. Aber sie ist nie das Letzte, sondern das Vorletzte. Die Kirche ist nicht Ziel, sondern Vehikel, Instrument. Vom Ziel redet Paulus, wenn er sagt, Gott werde einst alles in allem sein (1. Korintherbrief 15, 28). Christus ist es, der uns auf dem Weg dahin begleitet. Dies christologische Denken befreit von kirchlicher Selbstüberschätzung – befreit im ökumenischen Dialog dazu, die verschiedenen Konzeptionen von Kirche, die es schon im Neuen Testament gibt, in ihrem relativen Recht ernst zu nehmen und in gegenseitigem Respekt voneinander zu lernen. Ein reformierter und gewiss nicht nur reformierter Zugang zur Ökumene!

Damit aber sind wir nicht nur bei reformierten Zugängen zur Ökumene, sondern beim reformierten Verständnis von Einheit. Überspitzt und provokativ könnte man sagen: Was sucht ihr nach Einheit, Einheit ist schon da in Christus. Was kann wirklicher sein als der auferstandene, im Heiligen Geist unter uns gegenwärtige Christus. Darum ist Einheit gegenwärtig.

Damit sind wir in der Mitte evangelischen Christseins, der Rechtfertigung aus Glauben allein. Sola fide, allein durch den Glauben, das ist für die Reformatoren identisch mit dem Solus Christus, Christus allein. Das bedeutet in unserem Zusammenhang: Es geht letztlich nicht um unsere Kirche, um keine Kirche, sondern um Christus. Es geht um ihn, dessen Gestalt durch alles menschliche Kirchensein hindurch sichtbar bleiben muss, um ihn, dessen Stimme durch alles kirchliche Stimmengewirr hindurch unüberhörbar bleiben soll. Das Ziel ist nie eine noch so schöne, noch so festliche, noch so mächtige Kirche, sondern die Begegnung mit Christus. Diese wird zwar meistens durch die Verkündigung der Kirche vermittelt, kann sich aber auch ausserhalb der institutionalisierten Kirche ereignen oder gar trotz ihr. Es ist das Vertrauen darauf, dass Christus jenseits allen menschlichen Redens über ihn, jenseits aller institutionellen Vereinnahmung der bleibt, der uns vorangeht, der ist, der auf uns zukommt.

Solus Christus – Christus allein. Das ist die zentrale Aussage der Reformation auch zum Kirchenverständnis. Die Einheit der Kirche ist durch die Christusgegenwart gegeben, auch wenn organisatorische oder lehrmässige Einheit nicht oder noch nicht gegeben ist. Ich bin mir bewusst, dass nun vom Verhältnis von sichtbarer und unsichtbarer Kirche zu sprechen wäre. Selbstkritisch ist das sogenannte protestantische Ekklesiologie-Defizit anzusprechen: die Tatsache, dass Reformierte wenig, oft zu wenig die konkrete Gestalt der Kirche betonen und die Kirche in ihren Erscheinungs- und Leitungsformen oft an säkulare Verhältnisse anpassen. Aber jetzt kann es nur um das Grundverständnis aus reformierter Sicht gehen: Einheit ist in Christus immer schon vorgegeben. Der in seinem Wort gegenwärtige Christus hat die Kirche geschaffen und schafft sie immer neu als den mit ihm, dem Haupt, verbundenen Leib.

Von dieser christologischen Mitte her beginnt eine der prägendsten reformierten Bekenntnisschriften, der Heidelberger Katechismus, mit der existenziellen Aussage: «Das ist mein einziger Trost im Leben und im Sterben, dass ich mit Leib und Seele, im Leben und im Sterben, nicht mein, sondern meines getreuen Heilandes Jesu Christi Eigen bin.» In dieser Christuszugehörigkeit kann ich als evangelischer Christ auch mit einem katholischen Christen vollkommen eins sein. Organisatorische Einheit wird unter diesem Aspekt zweitrangig. Dieses existenziell verstandene Solus Christus kann ich erleben in einem katholischen oder orthodoxen Hochamt, in einem prächtigen anglikanischen Gottesdienst, im Enthusiasmus afrikanischer oder südamerikanischer Pfingstgemeinden, im reformierten Predigtgottesdienst oder im hörenden Schweigen einer Quäkergemeinde.

Das reformierte Einheitsverständnis ist ein christologisches: Einheit ist da, weil Christus da ist. Das katholische Pochen auf die sichtbare Einheit ist wichtig und für Reformierte heilsam. Für Reformierte besteht die Gefahr, dass sie zu stark die unsichtbare Kirche, die unsichtbare Einheit betonen. Es besteht die Gefahr, dass die Bedeutung der Kirche als lebendige sichtbare Gemeinschaft vernachlässigt wird, weil in Christus Gottesgegenwart und Einheit schon gegeben sind.

Umgekehrt sehe ich als Reformierter die Gefahr, der die katholische Kirche erliegen kann: Christus ist nicht mehr frei, weil er ganz an die Kirche gebunden wird, ja nur in der römisch-katholischen Kirche voll gegenwärtig ist, ganz erfahren werden kann. Diese Gefahr sehe ich, wenn ich die Gründonnerstags-Enzyklika des Papstes lese, auch wenn mir im Übrigen sehr vieles zu Herzen geht, bis hin zu den schönen Formulierungen, Eucharistie sei im Geist Mariens, im Geist des Empfangens, zu feiern.

Was heisst dies alles nun für die ökumenische Situation? Zuerst der nachdrückliche Hinweis: Zum ökumenischen Dialog und vor allem zur ökumenischen Praxis gibt es keine Alternative. Die Zeit territorial geschlossener konfessioneller Gebiete ist zumindest in Europa weitgehend vorbei. Politik, Wirtschaft, Wissenschaft, ja das ganze gesellschaftliche Leben – all das wird nicht mehr katholisch oder protestantisch vollzogen. Wir leben nicht mehr in getrennten konfessionellen Kulturen. Theologen mögen darüber werweissen, ob auf den «ökumenischen Frühling» der 60er- und 70er-Jahre des vorigen Jahrhunderts ein «konfessionalistischer Rauhreif» gefallen sei. Die vatikanische Erklärung «Dominus Iesus» und die Rede von einer neuen «reformierten Identität» können Hinweise sein auf eine solche winterliche Abkühlung. Aber Gott bewahre uns vor einer ökumenischen Eiszeit. Und solange man als Zürcher Kirchenratspräsident zusammen mit Weihbischof Peter Henrici einen Ökumenebrief an alle Kirchgemeinden und Pfarreien schreiben darf und dann, statt ökumenisch gemieden zu werden, an die katholische Theologische Hochschule in Chur eingeladen wird – sehe ich weit und breit keine ökumenische Eiszeit. Eine solche Abkühlung wäre für die Kirchen in jedem Fall das, wovor man sich im Fussball am meisten hüten muss: ein Eigengoal!

Ein Rückzug in konfessionelle Schützengräben hätte verheerende Folgen für Kirchen und Gesellschaft: Familien und öffentliche Gemeinschaft würden belastet, das Christentum weiter marginalisiert, in seiner Glaubwürdigkeit arg lädiert, auch wenn sich dadurch die Medienpräsenz der Kirchen kurzfristig erhöhen dürfte. Sex and crime und kirchlicher Knatsch sind ja noch immer gut für Einschaltquoten!

Aber die Fortsetzung ökumenischer Praxis ist nicht nur darum geboten, weil ohne sie Kirchen und Gesellschaft Schaden nähmen. Der wichtigste Zugang zur Ökumene ist das Bewusstsein der gemeinsamen biblischen und kirchlichen Tradition. Beide Kirchen berufen sich auf den in der Heiligen Schrift Alten und Neuen Testamentes bezeugten Christus. Beide Kirchen setzen sich mit Licht und Schatten einer 2000-jährigen Kirchengeschichte auseinander. Es gilt, was der von beiden Kirchen unterzeichnete Zürcher Ökumenebrief [1] im September 1997 an erster Stelle festhält: «Längst ist uns bewusst, dass unsere Kirchen viel mehr miteinander verbindet als trennt. Wir sind davon überzeugt, dass wir alle, ob wir nun der römisch-katholischen oder der evangelisch-reformierten Kirche angehören, Glieder an dem einen Leib Christi sind. Alles, was für unser christliches Leben entscheidend ist, ist uns gemeinsam: die eine Taufe, die Ehrfurcht vor dem Wort Gottes, das Bekenntnis zu Jesus Christus, die Verpflichtung zu einem Leben aus dem Geist des Evangeliums.» Es gilt, meine Damen und Herren, gerade heute, solche Formulierungen zu betonen: «Alles, was für unser christliches Leben entscheidend ist, ist uns gemeinsam!» Der Ökumenebrief folgert daraus lapidar: «Kooperation ist die Norm, Alleingang die Abweichung!»

Wenn wir das Gemeinsame entdecken und betonen, dann nehmen wir damit ein Grundanliegen der Reformation auf. Martin Luther, Huldrych Zwingli, Heinrich Bullinger, Johannes Calvin, sie alle wollten keine neuen Kirchen gründen. Reformierte Kirche ist gleichsam Kirche wider Willen. Die Reformatoren verstanden sich nicht als Kirchengründer, sondern als Bekenner der «fides catholica», des gemeinsamen Glaubens. Das Zweite Helvetische Bekenntnis des Nachfolgers von Huldrych Zwingli, Heinrich Bullinger, von 1566 ist überschrieben: Confessio et expositio simplex orthodoxae fidei et dogmatum Catholicorum syncerae religionis Christianae: Bekenntnis und einfache Erläuterung des orthodoxen Glaubens und der katholischen Lehren der reinen christlichen Religion.

Neben der Heiligen Schrift waren für die Reformatoren die Kirchenväter entscheidend. Huldrych Zwingli hat in seiner theologisch prägenden Einsiedlerzeit nicht nur Paulusbriefe auf Griechisch abgeschrieben und sich so eingeprägt, sondern auch die Kirchenväter intensiv studiert und sie an der Heiligen Schrift gemessen. Wie immer man es theologisch und historisch im Einzelnen beurteilen mag: Zumindest subjektiv lebten die Reformatoren im Bewusstsein, keine neue Lehre zu verkünden, keine Häresie, sondern die eine Lehre der alten und einen Kirche. Sie haben deshalb auch die altkirchlichen Bekenntnisse als eine adäquate Auslegung der Heiligen Schrift verstanden. Auch die marialogischen Aussagen der alten Konzilien wurden von den Reformatoren nicht in Zweifel gezogen. Die Reformation lebte im Bewusstsein der Kontinuität. Erst das 19. Jahrhundert hat in der Reformation einen radikalen Neubeginn gesehen.

Ökumene heisst darum: bei diesem reformatorischen Selbstverständnis einsetzen, festhalten, dass wir eine 1500-jährige gemeinsame Geschichte haben. Und auch von 1519 bis 2003 gibt es mehr Gemeinsames, als Konfessionalisten und Kontroverstheologen hüben und drüben wahrhaben wollen. Wir haben demnach eine 2000-jährige gemeinsame Geschichte mit Licht und Schatten. Dieser haben wir uns zu stellen. Es gilt, diese gemeinsame theologische und historische Grundlage ernst zu nehmen und auch in der reformierten Kirche neu zu betonen. Die theologische und liturgische Auseinandersetzung mit alten und neuen Bekenntnistexten in der Zürcher Kirche ist jedenfalls ein solcher Schritt in die richtige Richtung. Auch das gehört zu reformierter Identität: Unsere Kirchentümer sind vorläufige Einrichtungen, so wie unsere Erkenntnis immer bruchstückhaft ist (1. Korinther 13, 12). Dies gilt auch von den Überlegungen und Hinweisen, welche nun unter dem Stichwort Einheit und Vielfalt in reformierter Sicht zu machen sind.

Die Einheit der christlichen Kirche ist gegeben durch die Einheit des biblischen Kanons. Die Vielfalt aber der christlichen Kirchen ist gegeben durch die Vielfalt des Kanons! Das Neue Testament ist keine Sammlung einheitlicher Lehren. Das eine Evangelium von Jesus Christus ist uns überliefert in vier Evangelien und 23 weiteren neutestamentlichen Schriften. Diese Schriften verbindet das vielfältige Zeugnis von Jesus

Christus. Diese stimmen nicht einmal in der Christologie über-ein. Sagen wir es im Bild: Das eine göttliche Licht, welches uns in Jesus Christus geschenkt ist, bricht sich im ganzen Prisma des Farbenspektrums. Der neutestamentliche Kanon ist viel-stimmiges Zeugnis von Jesus Christus, und in dieser Vielstim-migkeit ist auch die Vielgestaltigkeit der christlichen Konfes-sionen angelegt.

Das Zeugnis von Jesus Christus in der gegenwärtigen Zeit ist am neutestamentlichen Zeugnis, an seiner Vielfalt und an seiner Einheit immer neu zu messen. Das macht theologische Arbeit schwierig, aber verheissungsvoll. Dieses Wissen kann auch entlasten: Pluralität zwischen den Kirchen und in den Kirchen selbst ist nicht nur Folge von Ungehorsam und Sünde, sondern sie ist auch angelegt in der Vielgestaltigkeit biblischer Tradition Alten und Neuen Testaments.

Reformiertes Denken versteht Einheit darum nicht als Ein-heitlichkeit, sondern als Konzentration auf die Mitte, auf Christus. Dieser offene, weite Kirchenbegriff ist eine Stärke der reformierten Tradition. Er wird dann zur Schwäche, wenn der lebendige Christus aus den Augen verloren wird. Die Konzen-tration auf ihn ist keine Verengung, sondern sie begründet die Offenheit und Menschenfreundlichkeit der Kirche. Reformier-tes Kirchesein orientiert sich am Bund, den Gott mit den Men-schen geschlossen und durch Jesus Christus erneuert hat. Dies begründet den Gemeinschaftsaspekt von Christsein und Kir-che, welcher von Reformierten oft nicht genug betont und ge-lebt wird. Diese Bundestheologie begründet auch die Verant-wortung für die Welt. Reformierte haben dieses Engagement in Wirtschaft, Politik und Wissenschaft immer stark betont.

Einheit ist nicht Einheitlichkeit, Einheit unter der Kirche ist darum nicht Fusion der Kirchen. Voneinander lernen, den Reichtum der Erfahrung und der Tradition miteinander tei-len – wir sind erinnert an Oscar Cullmann, den grossen evan-gelischen Ökumeniker. Er hat den Begriff «Einheit durch Viel-falt» geprägt.[2] «In der Vielfalt besteht der Reichtum der Fülle des Heiligen Geistes»,[3] betont Cullmann. Anzustreben ist da-her nicht eine organisatorische Vereinigung der christlichen Kirchen. Ökumene darf auch nicht im kleinsten gemeinschaft-

lichen Nenner der verschiedenen christlichen Traditionen gesucht werden. Christliche Wahrheit kann auch nicht ge-
schichtslos jenseits der Konfessionen gefunden werden. Die
unterschiedlichen Erfahrungen und Geistesgaben der Kirchen
müssen wahrgenommen und ernst genommen werden. In dieser Vielfalt kann und muss das eine Christuszeugnis erkannt
werden. Dezidiert hält Oscar Cullmann fest: «Ich bekämpfe
die Fusion, zunächst nicht weil ich sie für unrealistisch, uto-
pisch halte – sie ist es faktisch –, sondern weil mir dieses Beispiel dem Wesen einer wirklichen Einheit zu widersprechen
scheint. Was ich vorschlage, ist eine wirkliche Gemeinschaft
völlig eigenständiger Kirchen, die katholisch, protestantisch,
orthodox bleiben, die ihre Geistesgaben behalten, aber nicht
um sich abzuschliessen, sondern um eine Gemeinschaft aller
derer zu bilden, die den Namen Jesu Christi anrufen.»[4]

Vielfalt soll darum nicht als Sündenfall beklagt, sondern als
Reichtum bejaht und gelebt werden. Das Zeugnis des Glaubens darf auch nicht auf ethische und soziale Postulate reduziert werden. Freilich, auch die sind wichtig; das gemeinsame
Eintreten der Kirchen für Menschenrecht und Menschenwürde, gegen Rassismus und Antisemitismus, gegen Auslän-
derfeindlichkeit und Gewalt gegen Frauen und Kinder – dies
alles hat auch spirituelle Bedeutung für die Einheit der Christen. Die gemeinsame geistliche Erfahrung ist Basis auch des so-
zial-ethischen Zeugnisses. Diese Basis, die Verkündigung des
Evangeliums, das Leben aus der Gegenwart des auferstandenen Christus, muss im Wort und im Wirken erkennbar bleiben.

Für reformierte Christinnen und Christen kann darum die
gemeinsame Feier des Abendmahles, zu welchem Christus alle
einlädt, ein wichtiges Zeichen, eine ermutigende Erfahrung
sein. Das Nein der katholischen Kirche zur eucharistischen
Gastfreundschaft bleibt schmerzlich. Es macht uns aber auch
sensibel dafür, wie Schweizer Reformierte durch Bekenntnisfreiheit und mangelnde Verbindlichkeit umgekehrt der katholischen Kirche Mühe bereiten.

Ich halte darum die Unterzeichnung der «Gemeinsamen Erklärung zur Rechtfertigung» am 31. Oktober 1999 in Augsburg
für ein ermutigendes ökumenisches Zeichen an der Schwelle

zum dritten christlichen Jahrtausend. «Wir bekennen gemeinsam, dass der Mensch im Blick auf sein Heil völlig auf die rettende Gnade Gottes angewiesen ist»[5] – diese zentrale Erkenntnis der Reformation wurde auch von der katholischen Kirche mitunterzeichnet. Ob Martin Luther jetzt wohl die in Aussicht gestellten Konsequenzen ziehen würde? Er hat jedenfalls 1531 geschrieben, er werde dem Papst «nicht nur seine Füsse küssen, sondern ihn auf Händen tragen, wenn wir nur erreichen könnten, dass Gott allein durch die Gnade rechtfertigt».[6] Schön, sich vorzustellen, dass Martin Luther und Johannes Paul II. so miteinander unterwegs sein könnten! Anschaulich würde dann gezeigt, dass es auch in der Ökumene mit der katholischen Kirche um «Einheit in Verschiedenheit» geht. Zugleich würde deutlich, dass es bei der Einheit der Kirche nicht um eine Rückkehr in die katholische Kirche geht, wie Kardinal Edward Cassidy festhielt. Eindrückliche und wegweisende Töne, welche nicht nur für das ökumenische Miteinander der Kirchen Geltung haben, sondern auch für den verantwortlichen Umgang mit verschiedenen Strömungen in den Kirchen selbst.

Einheit in der Vielfalt – Vielfalt in der Einheit vollzieht sich im Leben und im Wahrnehmen des gemeinsamen Auftrages der Kirchen. Abschliessend sei auf einiges hingewiesen ohne Anspruch auf Vollständigkeit.

Über Jahrhunderte war die Verwurzelung in der Heiligen Schrift Alten und Neuen Testamentes Kennzeichen der reformierten Kirche. Zu Beginn des neuen Jahrtausends stehen wir vor einem Traditionsabbruch, dessen Ausmass wir noch nicht erfasst haben. Glauben ist mehr als Wissen, aber ohne ein elementares Wissen über das Verständnis von Gott und Welt in christlicher Sicht, ohne Kenntnis der Gleichnisse Jesu und der alttestamentlichen Psalmen, ohne die Zehn Gebote oder die Worte der Bergpredigt, ohne die Berichte vom Leben und Wirken, Leiden, Sterben und Auferstehen Jesu Christi kann christliche Existenz nicht realisiert werden. Hier ist im ökumenischen Kontext neu anzusetzen. Die Kirche hat in Unterricht und Erwachsenenbildung Gewicht auf die Weitergabe der biblischen Botschaft zu legen. So wird sie neu zu einer missionierenden Kirche, die Menschen in die Nachfolge Jesu ruft.

Einheit als gelebte Vielfalt vollzieht sich auch in der Liturgie. Die beiden neuen Kirchengesangbücher der katholischen und der reformierten Kirche in der Schweiz sind hier eine grosse Chance. Altchristliche Hymnen sind uns gemeinsam und werden auch von Reformierten neu entdeckt. Katholische singen Lieder von Martin Luther und Psalmen nach Genfer Melodien. Gemeinsam stimmen wir in die Spirituals der Schwarzen Nordamerikas und in die Lieder der nach Befreiung hungernden Christinnen und Christen Südamerikas und Afrikas ein. Gelebte und erlebte Vielfalt als Einheit des christlichen Zeugnisses und des Lebensvollzuges.

Einheit in vielfältiger Betonung – dies vollzieht sich im Dialog, im Gespräch über den Glauben. Erwachsenenbildung ist in beiden Kirchen ein wichtiges Anliegen. Glaube darf nicht sprachlos werden. Symbole sind wichtig, hier hat die katholische Kirche grosse Erfahrung. Aber ohne das deutende Wort werden Symbole zu leeren Ritualen. So ist das Gespräch innerhalb der Konfessionskirchen und der Dialog unter Kirchen und Gemeinden unterschiedlicher Traditionen und Prägungen etwas Entscheidendes. Ökumene heisst «voneinander lernen». In diesem gemeinsamen Lernen und Teilen von Erfahrungen vollzieht sich Vielfalt als Einheit. Bildung in diesem Sinne ist ein gemeinsames christliches Grundanliegen.

Einheit vollzieht sich auch im diakonischen Engagement, im Dienst an der Welt. Seelsorge reicht über die Mauern der Kirche hinaus. Diakonie geschieht nicht nur an den Gliedern der Kirche, sondern an allen Menschen. Diakonie ist Hilfe zu einem würdigen Leben für Menschen aller Völker und Religionen. Solidarität und Spiritualität, Aktion und Kontemplation gehören in diesem kirchlichen Eintreten für Menschenrecht und Menschenwürde zusammen. Das Evangelium ist nie nur Gabe, sondern auch Aufgabe.

Dies gilt auch für die Einheit. Auch sie ist Gabe und Aufgabe zugleich. Einheit muss nicht erst geschaffen werden. Sie ist von Christus geschenkt. Darum ist Einheit der Kirche nicht Gegenstand menschlichen Bemühens, sondern Bekenntnis des Glaubens: Credo unam sanctam catholicam et apostolicam ecclesiam; ich glaube an die eine, heilige, allgemeine und apostolische Kirche. Einheit ist aber zugleich Aufgabe. Unsere Aufgabe ist zwar nicht die Herstellung einer einheitlichen Kirche oder gar normierter Christinnen und Christen. Unsere Aufgabe ist es, die in Christus geschenkte Einheit in den Kirchen zu leben und zu bezeugen und so durch Wort und Tat diese Welt etwas menschlicher werden zu lassen.

Dass wir alle an dieser Aufgabe immer wieder versagen, soll uns nicht entmutigen. Der auferstandene Christus bleibt mit uns unterwegs, nicht nur mit uns Kirchenchristen, sondern mit der ganzen von ihm geliebten Welt: «Siehe, ich bin bei euch alle Tage bis an der Welt Ende»

(Matthäus 28, 20).

---

[1] Zürcher Ökumenebrief September 1997, verfasst und verantwortet:
Evangelisch-reformierte Landeskirche des Kantons Zürich,
Kirchenratspräsident Ruedi Reich,
Römisch-katholisches Generalvikariat für den Kanton Zürich,
Weihbischof Dr. Peter Henrici.

[2] Oscar Cullmann, Einheit durch Vielfalt, 2. Auflage, Tübingen 1990.

[3] S. 28 a.a.O.

[4] S. 59 a.a.O.

[5] KIPA 4.11.99 Nr. 44, S. 8.

[6] KIPA 4.11.99 Nr. 44, S. 9.

Quellennachweise

Seite 61: Hilde Domin, Gesammelte Gedichte,
© S. Fischer Verlag GmbH, Frankfurt a. M. 1987
Seite 71: Zitate aus: Huldrych Zwingli, Hauptschriften,
Blanke/Fahrner/Pfister, Zürich 1940
Seite 84: Heinrich Bullinger, Decades V 2, 281 v
Seite 104: Manfred Josuttis, Der Pfarrer ist anders,
Gütersloher Verlagshaus, Gütersloh 1991
Seite 147: Albert Schweitzer, Geschichte der Leben-Jesu-
Forschung, Bd. 2, Siebenstern-Taschenbuch Nr. 80
Seite 166: Rose Ausländer, Ich höre das Herz des Oleanders.
Gedichte 1977 – 1979.
© S. Fischer Verlag GmbH, Frankfurt a. M. 1984

Zu den Autoren:

Ruedi Reich, geboren 1945, Studium der Theologie mit den Schwerpunkten Kirchengeschichte und Sozialethik, 1972 Gemeindepfarrer in Marthalen, seit 1983 Mitglied des Kirchenrates, seit 1993 vollamtlicher Kirchenratspräsident der Evangelisch-reformierten Landeskirche des Kantons Zürich. In dieser Funktion verantwortlich für den Kontakt mit kirchlichen und staatlichen Behörden und für die ökumenischen Beziehungen.

Philippe Dätwyler, geboren 1954, Studium der Religionsethnologie, 1979 – 1994 Filmautor und Redaktor beim Schweizer Fernsehen DRS, 1994 Leiter des Kirchlichen Informationsdienstes (kid), seit 2000 Kulturbeauftragter der Evangelisch-reformierten Landeskirche des Kantons Zürich.